스마트 공장
인공지능 활용 전략

인공지능총서

인공지능 시대입니다. 기계가 인간의 인지를 대신하고, 사물이 인간을 통하지 않고 다른 사물과 직접 커뮤니케이션합니다. 이에 따른 인간 삶과 문명 변화를 정확히 이해·예측·대응하는 것은 이 시대 우리 모두의 과제입니다. 인공지능총서는 인공지능 기술과 환경의 여러 주제를 10가지 키워드로 정리합니다. 관련 개념과 이론, 학계와 산업계의 쟁점, 우리 일상의 변화를 다룹니다. 인간과 기술의 현재, 미래를 세심히 분석합니다.

일러두기

- 인명, 작품명, 저서명, 개념어 등은 한글과 함께 괄호 안에 해당 국가의 원어를 병기했습니다.
- 외래어 표기는 현행 어문규정의 외래어표기법을 따랐습니다. 다만 '딥러닝', '딥마인드', '딥페이크' 등은 관행을 따랐습니다.
- 이 책의 주요 내용은 국내외 전문가들의 고견을 참고했으며, 특히 GPT-4를 비롯한 생성형 AI의 도움을 받아 저술했습니다.

스마트 공장 인공지능 활용 전략

임기흥

대한민국, 서울, 커뮤니케이션북스, 2025

스마트 공장 인공지능 활용 전략

지은이 임기홍
펴낸이 박영률

초판 1쇄 펴낸날 2025년 3월 21일

커뮤니케이션북스(주)
출판 등록 2007년 8월 17일 제313-2007-000166호
02880 서울시 성북구 성북로 5-11
전화(02) 7474 001, 팩스(02) 736 5047
commbooks@commbooks.com
www.commbooks.com

ISBN 979-11-288-6862-7 03500

책값은 뒤표지에 표시되어 있습니다.

차례

인공지능, 스마트 공장을 어떻게 바꿀 수 있는가?

디지털 시대의 도래

디지털 시대를 맞이하여 이제 기업들은 새로운 패러다임 변화에 맞추어 대응하지 않으면 불확실한 미래 사회에서 생존하기 어려울 것이다. 또 과거처럼 단순한 고객 분석을 통해서는 성공적으로 비즈니스와 마케팅을 수행할 수 없을 것이다.

놀라운 속도로 발전하는 디지털 기술과 AI를 융합한 마케팅 활동도 그만큼 빠른 속도로 변화하고 발전할 것이다. 디지털 마케팅 분야에서 AI의 활용 비중은 이미 상당히 높아지고 있으며, 앞으로 더욱 확대될 것으로 전망되고 있다. AI의 활용은 디지털 마케팅 분야에서 더욱 세밀하고 효과적인 전략 수립을 가능하게 하여, 디지털 시대의 기업들이 소비자와의 관계를 강화하고 시장에서 성공적으로 경쟁할 수 있는 핵심 요소가 되고 있다. 특히, 마케팅 분야에서 생성형 AI 기술과 도구의 활용은 선택이 아닌 필수가 될 것이다.

스마트 공장에서 인공지능의 활용

AI는 스마트 팩토리의 역량과 효율성을 높이는 데 중요한 역할을 한다. 몇 가지 주요한 AI 활용법은 다음과 같다.

첫째, 예측 유지관리로, AI 알고리즘은 센서와 기계의 데이터를 분석하여 장비의 고장 시기를 예측한다. 이러한 예방적 접근 방식을 취하면 필요할 때 정확하게 유지관리를 수행할 수 있으므로 가동 중지 시간이 최소화되고 유지관리 비용이 절감된다.

둘째, 품질 관리 및 검사로, AI 기반 비전 시스템은 높은 정확성과 속도로 제품을 검사하여 사람의 눈에 보이지 않는 결함을 감지할 수 있다. 이는 일관된 제품 품질을 보장하고 폐기물을 줄인다.

셋째, 최적화된 생산 계획으로, AI 알고리즘은 과거 데이터, 현재 수요 및 기타 변수를 분석하여 생산 일정을 최적화한다. 이는 생산 리드 타임을 줄이고, 재고를 최소화하며, 고객 요구를 더욱 효율적으로 충족하는 데 도움이 된다.

넷째, 로봇공학 및 자동화로, AI는 변화하는 환경과 작업에 적응할 수 있도록 로봇 시스템을 업그레이드하며, AI 알고리즘은 로봇 움직임을 최적화하고 정밀도를 향상하며, 협동 로봇(Cobot)이 인간과 함께 안전하게 작업할 수 있도록 해 준다.

다섯째, 공급망 관리로, AI는 수요 예측, 재고 관리, 잠재적 중단 식별, 물류 경로 최적화를 통해 공급망 운영을 최적화하는 데 사용된다.

여섯째, 프로세스 최적화로, AI 알고리즘은 다양한 소스(예: 센서, 생산 기계)의 데이터를 분석하여 비효율성을 식별하고 제조 프로세스를 최적화한다. 이는 수율 향상, 에너지 소비 감소 및 전반적인 생산성 향상으로 이어진다.

일곱째, 품질 예측 및 분석으로 AI는 생산 프로세스 전반에 걸쳐 데이터를 분석하여 제품 품질 결과를 예측할 수 있다. 이를 통해 생산 매개변수를 사전에 조정하여 품질 표준을 지속적으로 충족할 수 있다.

여덟째, 맞춤형 제조로, AI는 고객 데이터와 선호도를 분석하여 개인 요구에 맞게 제품을 맞춤화하는 동시에 생산 효율성을 유지함으로써 대량 맞춤화를 가능하게 할 수 있다.

아홉째, 직원 안전 및 모니터링으로 AI 기반 시스템은 직원 안전을 실시간으로 모니터링하여 잠재적인 위험을 감지하고 작업자와 감독자에게 경고하여 사고를 예방할 수 있다.

열째, 의사 결정 지원 시스템으로, AI는 복잡한 데이터 분석을 기반으로 의사 결정자에게 실시간 통찰력과 권장 사항을 제공한다. 이는 생산 일정, 자원 할당 또는 프로세스 개선에 관한 정보에 근거한 결정을 신속하게 내리는 데 도움이 된다.

전반적으로 AI를 사용하면 오늘날 빠르게 변화하는 제조 환경에서 스마트 공장을 보다 효율적이고 적응력 있고 경쟁력 있게 운영할 수 있다.

이는 인더스트리 4.0 혁명을 주도하는 초석으로, 전통적인 제조 방식을 민첩하고 데이터 중심적이며 반응성이 뛰어난 운영으로 전환한다.

인공지능의 전망과 역할

스마트 공장에서 AI에 대한 전망은 매우 밝으며, AI는 제조 운영을 변화시키는 데 점점 더 중추적인 역할을 할 것으로 예상된다. AI의 전망과 스마트 팩토리에서의 역할에 대한 몇 가지 주요 측면을 살펴보면 더 많은 기업이 효율성, 생산성 및 비용 절감 측면에서 잠재적인 이점을 인식하게 될 것이고 이에 따라 제조 분야의 AI 도입이 많이 증가할 것으로 예상된다. 이러한 성장은 AI 기술의 발전, 데이터 가용성 증가, 혁신에 대한 경쟁 압력에 의해 주도된다.

AI를 통해 스마트 팩토리는 생산 프로세스를 최적화하고, 예측 유지관리를 통해 가동 중지 시간을 줄이고, 전체 장비 효율성을 향상할 수 있다. AI는 반복적인 작업과 의사 결정 프로세스를 자동화함으로써 작업자가 더 복잡하고 전략적인 활동에 집중할 수 있도록 지원해 준다.

또, AI는 사물인터넷(IoT) 장치 및 센서와 시너지 효과를 발휘하여 실시간으로 방대한 양의 데이터를 수집하고 분석한다. 이러한 데이터 기반 접근 방식을 통해 더 나은 의사 결정, 향상된 품질 관리 및 사전 유지관리 전략 수립이 가능해졌다.

AI는 고객 선호도와 시장 동향을 분석하여 그에 따라 제품과 생산 프로세스를 맞춤화함으로써 대량 맞춤화를 촉진한다. 이러한 유연성은 다양한 고객 요구를 충족하고 시장에서 경쟁력을 유지하는 데 매우 중요한 요소다.

AI 기반 예측 분석이 가능한 AI 알고리즘은 수요 변동을 예측하고 잠재적인 공급망 중단을 식별하며 재고 관리를 최적화할 수 있다. 이러한 예측 기능을 통해 스마트 팩토리는 더욱 효율적으로 운영되고 시장 상황 변화에 신속하게 대응할 수 있다.

AI 기술은 실시간으로 상태를 모니터링하고, 이상 현상을 감지하고, 운영자에게 잠재적인 위험을 경고함으로써 작업장의 안전을 개선하는 데 기여한다. 이러한 예방적 접근 방식은 사고를 예방하고 안전 규정을 준수하는 데 도움이 된다.

AI는 가상 시뮬레이션, 증강 현실(AR) 안내, 맞춤형 학습 경험을 제공하여 작업자 교육을 지원할 수도 있다. 이는 첨단 기술을 처리하고 업계 경쟁력을 유지할 수 있도록 직원들의 업무 능력을 향상하는 데 도움이 된다.

또, AI가 스마트 공장에 더욱 통합됨에 따라 데이터 개인 정보 보호, AI 의사 결정 프로세스의 투명성, AI 시스템의 책임감 있는 사용 보장과 같은 윤리적 고려 사항이 점점 더 강조되고 있으며 이러한 논의는 사회 전체에 이익이 된다.

협동 로봇을 포함한 AI 기반 로봇은 작업자와 함께 안전하게 작업하기 위해 스마트 공장에서 점점 더 많이 사용되고 있으며 이러한 코봇(Cobot)에는 역동적인 환경에 적응하고 정확성과 유연성이 필요한 작업을 수행할 수 있는 AI 알고리즘이 장착되어 있다.

요약하면, 스마트 팩토리에서 AI의 역할은 운영 효율

성과 생산성 향상부터 맞춤형 제조 지원, 작업장 안전 보장까지 다양한 영역으로 확장될 예정이다. 기술이 계속 발전함에 따라 AI는 인더스트리(industry) 혁신을 주도하고 제조의 미래를 변화시킬 것으로 전망된다.

열 개 주제 선정 배경과 개요

『스마트 공장 인공지능 활용 전략』은 스마트 공장의 개념에서부터 인공지능의 다양한 적용 사례와 미래 동향까지 광범위한 주제를 다루며, 각 주제는 스마트 공장 내에서의 인공지능 기술의 특정 적용 영역을 심도 있게 탐구하며, 제조 분야의 디지털 변환을 총체적으로 조망하고자 한다. 다음에서 각 장의 주제 선정 배경과 그 중요성을 설명하고자 한다.

본격적인 집필에 앞서 우선 스마트 공장과 인공지능이 무엇인지를 이해할 필요성이 있다. 그래서 첫 주제로 '스마트 공장이란 무엇인가'에 대해서 다루었다. 스마트 공장의 기본 개념과 주요 기술을 소개하여 스마트 공장이 무엇인지, 왜 중요한지에 대한 기초적인 이해를 할 수 있게 도움을 준다. 이는 나머지 주제들에 대해 기술할 내용의 토대를 마련해 준다.

둘째 주제는 '제조 분야에서 인공지능의 활용과 전망'

부문이다. 인공지능이 제조업에 어떻게 적용되고 있는지, 그리고 향후 이 기술이 어떤 방향으로 발전할 것인지를 탐구한다. 이 주제에서는 제조 분야에서 AI가 가진 잠재력과 도전 과제를 포괄적으로 다루고자 한다.

셋째는 '제조 분야에서의 산업용 사물인터넷(IIoT)'에 대해 다루었다. 산업용 사물인터넷의 기술적 측면과 제조업에서의 실질적 적용 사례를 제시하고자 한다. IIoT가 제조 공정을 어떻게 변화시키고 있는지 설명함으로써, 연결성이 높은 제조 환경의 중요성을 강조하고자 한다.

넷째 주제는 '빅데이터를 활용한 스마트 공장과 인공지능'이다. 빅데이터와 AI의 결합이 스마트 공장에서 어떻게 구현되고 있는지, 이러한 통합이 생산성과 효율성을 어떻게 향상하는지를 설명하고자 한다. 또, 데이터 주도 의사 결정이 제조업에 미치는 영향에 대해 논의하고자 한다.

다섯째 주제는 '인공지능 기반 생산 최적화'다. AI 기술을 사용하여 생산 공정을 최적화하는 방법과 이점을 소개하고자 한다. 이번 주제에서는 AI가 제조 공정의 다양한 측면에서 어떻게 효율성을 극대화하는지 보여 주고자 한다.

여섯째 주제는 '예측 유지관리와 인공지능'이다. AI를 활용한 예측 유지관리가 장비의 운영 시간과 수명을 어떻게 연장하는지를 설명하고자 한다. 또, 이러한 기술이 비용 절감과 효율성 증대에 어떻게 기여하는지 분석하고자 한다

일곱째 주제는 '품질 관리 및 결함 방지와 인공지능'이다. 제조 공정에서의 품질 관리와 결함 방지를 위한 AI의 역할을 탐구하고자 한다. AI가 어떻게 제품의 일관된 품질을 유지하고 결함을 최소화하는지에 대한 사례를 제공하고자 한다.

여덟째 주제는 '설비 고장 예측 및 이상 현상 탐지와 인공지능'이다. AI 기술을 사용하여 설비의 고장을 사전에 예측하고 이상 현상을 탐지하는 방법을 설명하고자 한다. 이는 유지보수 비용을 절감하고 생산 중단을 방지하는 데 중요한 요소다.

아홉째 주제는 '에너지 효율화를 위한 스마트 공장 구축과 인공지능'이다. 이 주제에서는 스마트 공장에서 에너지 사용을 최적화하기 위한 AI 기술의 적용을 다루고자 한다. 또, 지속 가능한 제조를 위한 에너지 관리 전략을 소개할 계획이다.

마지막으로 열째 주제는 '스마트 공장의 미래 동향과

인공지능'으로 스마트 공장과 AI의 미래를 예측하며, 이 기술들이 어떻게 산업 전반에 걸쳐 혁신을 촉진할 수 있는지를 논의하고자 한다. 또, 기술 발전의 가능성과 제조업의 미래 변화를 조망하고자 한다.

이러한 주제들은 스마트 공장의 현재와 미래를 이해하는 데 필수 요소들을 포괄적으로 다루고 있으며, 여기서는 이를 통해 인공지능 기술이 제조 분야에 어떤 혁신적 변화를 불러오고 있는지 상세히 설명하고자 한다.

최고경영자나 스마트 공장 관리자에게 이 책을 권하는 이유

『스마트 공장 인공지능 활용 전략』은 인공지능의 혁신적인 힘과 제조업에서의 적용에 대한 귀중한 통찰력을 제공하기 때문에 최고경영자(CEO)와 스마트 공장 관리자에게 추천하고자 한다.

이 책에서는 인더스트리 4.0 개념과 AI가 어떻게 차세대 산업 혁명을 주도하는지에 대한 포괄적인 개요를 제공하고자 한다. 스마트 팩토리가 AI 기술을 활용하여 효율성, 생산성 및 경쟁력을 크게 향상할 방법을 설명하기 때문이다.

책에는 제조 공정에서 AI를 성공적으로 구현한 기업

의 자세한 사례 연구와 실제 사례가 포함되어 있다. 이러한 예는 비용 절감, 가동 중지 시간 감소, 품질 관리 개선, 고객 만족도 향상 등의 실질적인 이점을 보여 준다.

또 AI가 기존 제조 운영에 어떻게 통합될 수 있는지에 대한 전략적 통찰력을 제공하며 비즈니스 목표에 부합하는 AI 기반 기능을 구축하기 위한 구현 과제, 모범 사례 및 고려 사항을 제시한다.

본문에 서술된 주요 이점 중 하나는 AI를 기반으로 하는 예측 유지관리이며 이러한 기능은 CEO와 스마트 공장 관리자가 AI가 장비 가동 시간을 최적화하고 유지관리 비용을 절감하며 중요한 기계의 수명을 연장할 방법을 이해하는 데 도움이 된다.

또 품질 관리 프로세스를 향상하는 AI의 역할을 강조한다. AI 기반 분석이 결함을 조기에 감지하고, 제품 일관성을 개선하고, 유연한 제조 방식을 지원하여 다양한 고객 요구를 충족할 방법을 제시한다.

또한, 공급망 관리에 AI를 적용하는 방법을 다루며, 수요 예측, 재고 수준 최적화, 공급망 중단 완화에서의 AI 역할을 강조한다. 이러한 통찰력은 원활한 운영을 유지하고 위험을 최소화하는 데 중요한 요소다.

AI가 대규모 데이터 세트에서 실행할 수 있는 통찰력

을 제공하여 데이터 중심 의사 결정을 지원하는 방법도 제시한다. 이러한 기능을 통해 CEO와 스마트 공장 관리자는 정보에 입각한 결정을 신속하게 내리고 시장 변화에 더욱 효과적으로 적응할 수 있다.

AI와 IoT, 로봇공학, 클라우드 컴퓨팅의 통합과 같은 AI 및 제조 분야의 새로운 트렌드를 탐구하는 내용은 리더들이 미래의 발전을 예측하고 새로운 기술을 채택하는 데 앞서 나갈 수 있도록 대비시킨다.

마지막으로 이 책에서는 제조 분야의 AI 채택과 관련된 윤리적 고려 사항을 다루며 CEO와 관리자가 개인 정보 보호 문제, AI 알고리즘의 투명성 및 AI 기반 결정의 윤리적 영향을 인식하도록 보장한다.

결론적으로 이 책은 제조 운영을 혁신하는 데 AI의 잠재력을 최대한 활용하려는 CEO와 스마트 공장 관리자에게 귀중한 자원이며 이는 인더스트리 4.0의 진화하는 환경에서 경쟁력을 유지하는 데 필수적인 전략적 지침과 실용적인 통찰력을 모두 제공한다.

추가로 스마트 공장을 공부하는 사람들과 일반인들에게도 깊은 가치를 제공한다. 스마트 공장을 공부하는 학생들에게는 스마트 공장의 최신 기술 트렌드와 이론을 학습할 기회를 제공하며, 실제 스마트 공장에서 AI 활용 사례를 통해 이론과 실무 사이의 연결고리를 이해하는 데 도움을 줄 것이다. 일반인들에게는 스마트 공장에서의 AI 기술의 전략적 활용 방안이 사회 전반에 어떤 긍정적인 변화를 불러올 수 있는지에 대한 통찰력을 제공함으로써, 기술에 대한 긍정적인 인식을 강화하고, 미래 지향적인 사고를 촉진하게 할 수 있다.

01
스마트 공장이란 무엇인가?

스마트 공장은 모든 생산 요소가 네트워크로 연결되어 실시간으로 데이터를 수집하고 분석하여 자율적인 의사 결정을 내리며, 이를 통해 생산 효율성을 극대화하고 운영 비용을 최소화하는 목표를 가지고 있다. 스마트 공장은 제조업의 미래를 형성하고 있으며, 지속적인 기술 혁신과 정책 지원이 스마트 공장의 발전에 중요한 역할을 하고 있다.

스마트 공장 정의

스마트 공장 또는 인더스트리 4.0은 제조 기술의 자동화 및 데이터 교환의 현재 추세에 부여된 이름이다. 여기에는 사이버 물리 시스템, 사물 인터넷, 클라우드 컴퓨팅, 인지 컴퓨팅이 포함된다. 인더스트리 4.0은 흔히 4차 산업혁명이라고 불린다.

스마트 공장은 정보통신기술(ICT), 자동화 기술, 인공지능(AI), 사물인터넷(IoT, Internet of Things) 등 다양한 첨단 기술을 제조 공정에 통합하여 자동화와 최적화를 도모하는 현대적 제조 시설을 말한다. 이러한 공장은 데이터를 실시간으로 수집하고 분석하여 생산 효율성을 극대화하고, 운영 비용을 최소화하며, 품질과 생산성을 향상하는 것을 목표로 한다.

스마트 공장의 핵심은 모든 생산 요소가 네트워크로 연결되어 정보를 교환하고, 이를 바탕으로 자율적인 의사 결정을 내릴 수 있는 시스템을 구현하는 것이다. 이는 제품의 설계부터 제조, 유통에 이르기까지 전 과정에서 투명성과 추적 가능성을 보장하며 결과적으로, 스마트 공장은 기업이 빠르게 변화하는 시장 요구와 소비자의 개별적 요구에 효과적으로 대응할 수 있게 해 준다.

스마트 공장의 구현은 제조업뿐 아니라 공급망 관리,

제품 개발, 고객 서비스 등 다양한 영역에 걸쳐 이루어지며, 이러한 방식으로 스마트 공장은 제조업의 미래를 형성하고, 산업 혁신의 중심지로 자리 잡고 있다.

기기 간 통신으로 최적 생산 가능해져

스마트 공장이란, 사람이 직접 제조에 참여하거나 기계를 조작할 필요 없이 자동으로 운영되는 공장을 의미한다. 하지만 이 개념은 현재 상용화된 공장 자동화와 크게 다르지 않아 보인다. 그렇다면 스마트 공장이 기존 공장 자동화와 차별화되는 이유는 무엇일까. 현재 대부분의 제조 현장에서 각각의 단위 공정은 자동화가 이루어져 있지만, 공정과 공정이 유기적으로 연결되어 있지는 않다. 이는 어느 정도 공장 자동화가 이루어져 있음에도 각 공정 사이에는 사람이 필요하다는 의미다. 따라서 개별 공정에서 데이터를 수집하더라도 그 활용도가 매우 낮다. 반면, 스마트 공장은 정보통신기술을 바탕으로 데이터를 수집하고, 공정 간의 협업 운영을 이루어 나간다. 스마트 공장에서는 모든 설비와 장치가 통신으로 연결되어, 정보를 주고받고 공정을 실시간으로 모니터링한다. 그 결과, 사람의 개입 없이도 운영되는 최적의 생산 환경이 만들어진다. 또, 사람이 만든 규칙에만 의존하지 않고 변화하는 상황을 감지하여 능동적으로 판단하는 특성도 스마트 공장의 핵심이다.

스마트 공장, IT 기술의 활용이 관건

스마트 공장에서는 사물인터넷, 증강현실(AR, Augmented Reality), 인공지능, 빅데이터 등 정보통신기술의 활용이 핵심이다. 공장에 적용된 IoT는 사물과 사물, 사물과 사람 간을 연결해 준다. IoT를 이용하면 기계로부터 다양한 정보를 수집할 수 있으며, 실시간으로 공정을 파악하고 제어할 수 있다. 인공지능의 활용은 사이버 물리 시스템(CPS, Cyber Physical System)으로 이어진다. 여기서 사이버는 인공지능, 클라우드 컴퓨팅 등의 IT 기술, 물리는 공장과 같은 실제 산업 현장을 의미한다. CPS에서 인공지능은 공장에서 수집한 데이터를 바탕으로 제조 공정을 테스트하고, 가장 효율적인 생산 방법을 만들어 낸다. 인공지능은 실시간 데이터를 바탕으로 공정을 지시한다. 이는 생산 기기에 부착한 센서, RFID(Radio Frequency Identification) 등을 통해 실시간으로 정보를 수집하는 과정에서 이루어진다.

이처럼 스마트 공장이란 작업의 최적화, 실시간 작업성 향상, 공장 간 생산 정보의 공유를 가능하게 한다. 또,

품질 관리 능력 제고, 원자재 수율 향상, 설비 보전 비용 감소 등의 효과를 기대할 수 있다.

스마트 공장의 특징

스마트 공장은 최신 정보통신기술과 자동화 기술을 활용하여 생산 공정을 최적화하고 효율성을 극대화하는 제조 환경을 의미한다. 기본적으로는 전통적인 제조업의 물리적 공정을 디지털화하고, 데이터와 정보의 흐름을 실시간으로 관리하는 데 초점을 맞추고 있다.

스마트 공장의 주요 특징은 다음과 같다.

로봇, 자동화 기계, 시스템 등을 사용하여 작업을 자동화하여 생산성을 높이며 이는 작업자의 개입을 최소화하고 일관된 품질을 유지하는 데 도움을 준다. 또, 센서와 IoT 기술을 통해 공정 데이터를 실시간으로 수집하고 분석하여 문제를 사전에 예측하고 신속하게 대응한다. 이를 통해 유지보수 비용을 절감하고 생산 품질을 향상할 수 있다.

그리고 공장 내 모든 기계와 장비가 네트워크를 통해 연결되어 상호 통신하며 정보를 주고받는다. 이에 따라 공정의 통합 관리와 최적화를 가능하다. 고객의 요구나 시장의 변화에 신속하게 대응할 수 있는 유연한 생산 시스템을 갖추고 있으며 모듈화된 설비와 생산 공정을 통해 다양한 제품을 효율적으로 제조할 수 있다.

또 인공지능과 기계 학습(머신 러닝)을 활용하여 생산 데이터를 분석하고 예측 모델을 통해 더 나은 지능형 의사 결정을 지원하며 이는 생산 계획, 품질 관리, 자원 배분 등의 분야에서 도움을 준다.

스마트 공장은 전통적인 공장의 한계를 극복하고, 생산성과 효율성을 극대화하며, 비용을 절감하는 데 기여하며 이러한 변화는 제조업의 경쟁력을 높이고, 고객 맞춤형 생산을 가능하게 한다.

스마트 공장 기술 및 프로세스

스마트 공장은 다양한 기술과 프로세스를 통해 운영되며 주요 기술 및 프로세스는 다음과 같다.

정보통신기술 및 인터넷 연결

현재 일부 기업에 공장 내 모든 기계, 센서, 장비가 단지 인터넷에 연결되어 실시간으로 데이터를 송수신하는 사례가 있다. 이를 보완하기 위해 IoT 기술을 통해 공정 상태를 모니터링하고 문제를 조기에 감지할 수 있는 정보통신기술과 인터넷에 연결하여 운영하며 대량의 데이터를 저장하고 처리할 수 있는 클라우드 컴퓨팅 능력을 향상한다.

자동화 기술

많은 기업은 생산 라인에서 반복적이고 정밀한 작업을 수행하기 위해 로봇을 사용하며 이들 로봇이 조립, 용접, 포장 등 다양한 작업을 자동으로 수행할 수 있도록 하기 위해서는 로봇 공학적으로 접근해야 한다. 컨베이어 벨트, 자동화된 물류 시스템 등 다양한 자동화 장비가 생산 효율성을 높이는 역할을 한다.

센서 및 데이터 수집

스마트 공장에서는 온도, 압력, 진동, 위치 등을 측정하는 스마트센서를 통해 공정 상태를 실시간으로 모니터링하며 이러한 데이터는 공정의 이상 상태를 조기에 감지하고 적절한 조치를 하는 데 사용된다. 센서와 장비에서 수집된 데이터는 중앙 시스템으로 전송하여 분석한다.

데이터 분석 및 인공지능

대량의 빅데이터를 수집하고 분석하여 생산 공정의 패

턴을 파악하고 예측하며 이를 통해 생산 계획을 최적화하고 자원 관리를 개선한다.

인공지능과 머신 러닝 알고리즘을 활용하여 데이터에서 인사이트를 추출하고, 공정 개선 및 문제 예측을 지원한다.

통합 시스템

스마트 공장에서는 생산 현장의 데이터를 실시간으로 모니터링하고 관리하는 MES(Manufacturing Execution System) 시스템으로, 생산 계획, 자원 관리, 품질 관리 등을 지원한다. 또 기업의 자원 관리와 관련된 모든 데이터를 통합 관리하는 ERP(Enterprise Resource Planning) 시스템으로 생산 계획과 재고 관리, 구매, 회계 등을 포함하는 전사적 자원 관리를 운영한다.

유연 생산 시스템

다양한 제품을 유연하게 생산할 수 있도록 설계된 모듈화된 생산 시스템을 운영한다. 이는 생산 라인의 빠른 조정과 제품 변경을 가능하게 하며 생산 공정을 자동으로 조정하고 최적화하는 소프트웨어를 사용하여 생산 효율성을 높인다.

가상 모형(디지털 트윈)

물리적 공정, 장비, 시스템의 가상 모델을 만들어 실시간으로 상태를 모니터링하고 시뮬레이션하는 디지털 트윈 시스템을 구축하며 이를 통해 공정의 성능을 분석하고 개선할 수 있다.

이러한 기술과 프로세스는 스마트 공장이 실시간으로 데이터를 분석하고 공정을 최적화하며, 변동성에 빠르게 대응할 수 있도록 지원한다.

이로써 스마트 공장은 전체 제조 과정의 효율성을 극대화하고, 품질을 유지하며, 비용을 절감하는 데 중요한 역할을 한다.

국내외 스마트 공장 운영 현황

국내외에서 스마트 공장의 운영은 산업의 디지털화와 제조 혁신을 추진하는 국가 전략의 일환으로 현재 활발히 진행되고 있다. 각국의 주요 사례와 운영 현황을 살펴보고자 한다.

국내 스마트 공장 운영 현황

우리나라 정부는 중소기업 및 중견기업의 경쟁력 강화를 위해 스마트 공장 보급 및 확산 정책을 적극적으로 추진하고 있다. 이는 제조 혁신과 고용 창출을 목표로 하며, 구체적인 현황은 다음과 같다.

중소벤처기업부와 산업통상자원부 주도로 스마트 공장 보급 및 고도화 사업을 지원하고 있으며 각 기업은 이를 통해 비용, 기술, 교육 등의 지원을 받아 스마트 공장을 도입할 수 있다.

2020년을 기점으로 국내에 약 1만5000개 이상의 스마트 공장이 구축되었으며, 2025년 2월 말 현재 3만3145개 이상으로 확대 구축될 예정이다. 또 공장에는 IoT, AI, 로봇 자동화 시스템 등이 주로 도입되며, 특히 중소기업에서 생산성 향상과 품질 개선을 위해 적극적으로 활용하고 있다.

해외 스마트 공장 운영 현황

해외에서는 독일의 '인더스트리(Industry) 4.0', 미국의 '스마트 제조 리더십 연합', 일본의 '소사이어티(Society) 5.0' 등 국가 주도의 대규모 프로젝트를 통해 스마트 공장을 발전시키고 있다.

독일은 스마트 제조 및 디지털화의 개척자로, 통합 네트워킹, 자동화, 데이터 분석 및 사이버 보안 기술을 통합한 고도의 스마트 공장 시스템을 보유하고 있다.

예를 들어, 지멘스(Siemens)의 암베르크(Amberg) 공장은 자동화와 디지털 기술의 모범 사례로 꼽히며, 높은 수준의 생산 효율성과 품질의 성과를 내고 있다.

미국은 개별 기업 차원에서 강력한 기술 혁신을 추진하고 있으며, 제너럴일렉트릭(GE), 포드(Ford) 등 대기업이 스마트 제조 설비에 막대한 투자를 진행하고 있다. 이들 기업은 스마트 센서, 클라우드 기반 데이터 분석, 인공지능을 통한 예측 유지보수 업무 등에 주요 강점을 보이고 있다.

일본은 스마트 공장을 사회 전반의 디지털 변환과 연결하여, 제조업뿐만 아니라 의료, 물류, 에너지 등 다양한 분야에서의 혁신을 목표로 하고 있다. 도요타, 후지쓰 등이 AI와 로봇 기술을 활용하여 유연한 생산 시스템을 구축하고 있다.

이러한 국내외 스마트 공장의 운영 현황은 제조업의 미래 방향을 제시하며, 각국이 기술 혁신과 산업 경쟁력 강화를 위해 어떻게 스마트 공장을 활용하고 있는지를 보여 준다. 이러한 각 국가의 전략과 사례는 스마트 공장 기술의 보편화와 고도화에 중요한 지침이 될 수 있다.

스마트 공장 도입에 따른 인건비 절감으로 국내 이전(리쇼어링)에도 영향

스마트 공장은 인건비 절감 등의 이유로 해외로 나간 기업들이 다시 자국으로 돌아오는 생산 시설 국내 이전(Reshoring) 현상과도 밀접한 연관이 있다. 최근에는 저렴한 인건비와 노동력이 풍부한 곳보다 기술 환경이 좋고 소비자 접근성이 좋은 곳에서 공장을 운영하는 추세이며, 현지 인건비 역시 증가하고 있어 생산 비용 절감과 공장 운영의 효율성을 위해 생산 시설 국내 이전이 주목받고 있다.

국내 기업들도 중소벤처기업부의 주도하에 스마트 공장 확대를 꾸준히 추진하고 있으며 공조 장비를 설계 및 제작하는 신성이엔지가 중소·중견 기업에 스마트 공장을 도입해 성공한 대표적인 사례다. 신성이엔지는 태양광 발전과 자율주행 무인 운반차 등을 도입해 생산 효율을 높인 사례로 주목받고 있으며 이러한 사례를 확대하려 정부가 노력 중이다. 국가 차원에서 투자와 지원이 활발히 이루어져 스마트 팩토리 시장을 선도하기를 기대해 본다.

스마트 팩토리의 장점과 과제

스마트 팩토리의 가장 근본적인 특징 중 하나가 연결성이라는 점을 고려할 때 센서는 장치, 기계 및 시스템을 연결하여 실시간 의사 결정에 필요한 데이터를 제공하는 데 매우 중요하다. 스마트 홈 장치가 특정 시간에 조명을 어둡게 하거나 문제가 있을 때 경고를 발생시키는 것과 같은 일상적인 작업을 수행하는 것과 유사한 방식으로 이상적인 스마트 공장에서는 훨씬 더 큰 규모로, 자체적으로 기기가 실행되어 적절한 경우 자체 수정하고 필요한 경우 사람의 개입을 최소화한다. 이러한 방식으로 데이터가 기하급수적으로 증가하는 문제를 사전에 해결할 수 있다. 이미 IoT 기술은 산업 운영을 모니터링하고 공급망 가시성을 제공하며 장비 가동 중지 시간을 예측하는 데 도움을 주었다.

참고문헌

모빌리오 스마트 팩토리. http://www.mobilio.io

이호성(2017). 『현장 중심형 스마트 팩토리』. kMAC.

조현성·박남섭(2017). 『4차 산업혁명의 스마트 팩토리』. 진샘미디어.

카이스트 신문(2018). 스마트 팩토리, 제조의 혁신을 이끌다.

Choi, T.M.(2020). *Smart supply chain management: theory and applications*. Springer.

Hermann, M., et al.(2016). Design principles for Industry 4.0 scenarios.

Kagermann, H., et al.(2018). *Industrial cloud-based cyber-physical systems.* Springer.

Lee, J., et al.(2015). A cyber-physical systems architecture for Industry 4.0-based manufacturing systems. *Manufacturing letters.*

Schwab, K.(2017). *The fourth industrial revolution.* Crown Business.

Sung, T.K.(2018). A Korea Perspective. *Korean journal of industrial engineering.*

Yao, J. & Zhang,Y.(2020). A review of Smart Factory: technology, architecture, and applications. *Journal of manufacturing science and engineering.*

Zhong, R., et al.(2019). *Smart manufacturing and cyber-physical systems.* Wiley.

02
제조 분야에서 인공지능의 활용과 전망

AI 기술은 제조업의 여러 측면에서 혁신을 이끌며, 각 기술의 도입으로 생산성, 품질, 효율성 측면에서 제조업의 경쟁력이 크게 향상되고 있다. 품질 관리, 예측 유지보수, 생산 공정 최적화, 자동화, 디지털 트윈, 공급망 관리 등 다양한 분야에서 AI의 활용은 제조업의 미래를 형성하는 중요한 요소로 작용하며, 이러한 기술들은 제조업의 혁신과 발전을 이끄는 핵심 동력 역할을 하고 있다.

AI의 정의

인공지능(AI, Artificial Intelligence)은 인간의 지능을 모방하거나 구현하려는 기술의 집합체를 의미한다. AI는 컴퓨터나 기계가 문제를 해결하고, 학습하며, 결정을 내리는 능력을 갖추도록 설계된 시스템으로 이러한 기술은 여러 분야에서 사용되며, 주요 개념과 기술은 다음과 같다.

기계 학습

기계 학습(ML, Machine Learning)은 AI의 하위 분야로, 기계가 데이터를 분석하고 패턴을 학습하여 예측이나 결정을 내리도록 하는 기술로서, 명시적인 프로그래밍 없이도 데이터를 통해 스스로 학습하고 개선할 수 있다.

기계 학습에는 지도 학습, 비지도 학습, 강화 학습 등이 있으며, 각각의 알고리즘은 다양한 방식으로 데이터를 학습하고 예측 모델을 생성한다.

딥 러닝

딥 러닝(Deep Learning)은 기계 학습의 하위 분야로, 인공 신경망을 사용하여 복잡한 데이터 패턴을 학습하며 여러 층의 신경망을 통해 데이터의 특징을 자동으로 추출하고 학습한다. 딥 러닝은 이미지 인식, 음성 인식, 자연어 처리 등에서 뛰어난 성능을 발휘한다.

자연어 처리

자연어 처리(NLP, Natural Language Processing)는 인간의 언어를 이해하고 생성하는 AI 기술로 텍스트나 음성을 처리하여 의미를 이해하고, 적절한 응답을 생성하는 기술이다. 번역기, 챗봇, 음성 비서 등에서 사용된다.

컴퓨터 비전

컴퓨터 비전(Computer Vision)은 기계가 이미지를 분석하고 이해하도록 하는 기술이며 이미지나 비디오 데이터를 처리하여 객체 인식, 얼굴 인식, 장면 분석 등을 수행한다. 자율주행차, 영상 감시, 의료 영상 분석 등에서 활용된다.

전문가 시스템

전문가 시스템(Expert Systems)은 특정 분야의 전문 지식을 바탕으로 문제를 해결하는 AI 시스템을 기반으로 작동하며, 전문가의 지식을 컴퓨터에 입력하여 의사 결정을 지원하며 진료 진단, 금융 분석, 고객 지원 등에서 사용된다.

강화 학습

강화 학습(Reinforcement Learning)은 에이전트가 환경과 상호작용하며 보상을 최대화하기 위한 행동을 학습하는 방법이며 에이전트는 시행착오를 통해 최적의 정책을 학습하며 게임, 로봇 제어, 자율주행차 등에서 주로 사용된다.

인공지능의 응용 분야

의료 분야에서는 질병 진단, 맞춤형 치료, 의료 영상 분석 등에, 자동차 분야에서는 자율주행차, 교통 예측, 운전 보조 시스템 등에, 금융 분야에서는 알고리즘 거래, 사기 탐지, 신용 평가 등에, 도소매 분야에서는 고객 맞춤형 추천, 재고 관리, 수요 예측 등에 AI를 활용하고 있다.

AI는 데이터와 알고리즘을 통해 스스로 학습하고 개선할 수 있는 능력을 갖고 있으며, 이는 다양한 산업과 일상생활에서 혁신을 가져오고 있다. AI 기술은 인간의 작업을 지원하거나 대체할 가능성을 지니며, 향후 발전과 응용 범위에 대한 기대가 크다.

AI 도입 시 고려 사항

AI를 공정에 도입할 때는 다음과 같은 사항을 고려해야 한다.

첫째, AI의 성능은 데이터의 품질에 크게 의존하기 때문에 정확하고 신뢰할 수 있는 데이터를 확보하는 것이 중요하다.

둘째, AI 시스템이 기존의 제조 시스템과 잘 통합될 수 있도록 해야 하며 이를 위해 기존 시스템 간의 호환성을 검토해야 하며 필요시 맞춤형 개발이 필요하다.

셋째, AI 도입으로 인해 기존 직원들의 스킬 업그레이드가 필요하며 AI와 관련된 새로운 기술에 대한 교육과 훈련이 필요하다.

넷째, AI 시스템이 대량의 데이터를 처리하기 때문에 보안 문제가 중요하며 개인 데이터 보호와 사이버 보안에 대한 조치를 강화해야 한다.

AI는 제조업에서 생산성, 품질, 효율성을 획기적으로 개선할 수 있는 잠재력을 가지고 있다. 그러나 AI 도입과 운영은 기술적, 인력적, 보안적 측면에서 여러 가지 도전 과제를 동반할 수 있으며 이러한 도전 과제를 적절히 해결하고 AI를 효과적으로 활용하면 제조업의 경쟁력을 크게 강화할 수 있다.

제조업에서 AI 활용 현황

제조업에서 AI의 활용은 공정의 최적화, 품질 향상, 유지보수의 효율성 제고 등 다양한 분야에서 활발히 이루어지고 있다. AI는 데이터 분석, 자동화, 예측, 품질 관리 등 여러 측면에서 제조업의 혁신을 이끄는 핵심 기술로 자리 잡고 있으며 다음은 제조업에서 AI의 주요 활용 현황을 설명한 것이다.

품질 관리

AI 기반의 컴퓨터 비전 검사 시스템은 제품의 결함을 자동으로 검사하고 분석한다. 이미지 인식 기술을 활용하여 불량품을 실시간으로 식별하고 분류할 수 있다. 생산 라인에서의 품질 검사 자동화는 불량률을 줄이고, 품질 일관성을 유지하며, 검사 속도를 크게 향상한다. 예를 들어, 전자제품의 조립 공정에서 불량 부품을 신속하게 식별하여 제거할 수 있다. AI는 생산 데이터를 분석하여 품질 문제를 예측할 수 있다. 기계 학습(머신 러닝) 알고리즘을 통해 품질 저하의 징후를 조기에 감지하고 예방 조치를 취한다. 제조 공정에서 발생할 수 있는 품질 문제를 사전에 식별하여, 문제 발생 전에 조치를 취함으로써 생산성을 높이고 재작업 및 불량률을 줄일 수 있다.

예측 유지보수

사물인터넷(IoT) 센서와 AI를 활용하여 장비의 실시간 상태를 모니터링한다. 센서 데이터(온도, 진동, 압력 등)를 AI가 분석하여 장비의 고장 가능성을 예측하며 예측 유지보수 시스템을 통해 장비의 고장이나 장애를 사전에 감지하고, 필요한 유지보수를 시기적절하게 수행함으로써 정지 시간(down time)을 줄이고 유지보수 비용을 절감한다. 예를 들어, 제조 공장의 회전 기계나 펌프의 상태를 지속적으로 모니터링하여 고장을 예측하고 대응한다.

AI는 고장 발생 시 원인을 분석하고, 해결책을 제시한다. 데이터 분석을 통해 고장 원인을 규명하고, 유사한 문제의 재발을 방지한다. 공장 내 고장 발생 시 AI가 원인을 분석하고, 이를 기반으로 예방 조치를 취함으로써 공정의 안정성이 높아지고 운영 효율성이 향상된다.

생산 공정 최적화

AI 알고리즘은 생산 공정의 데이터를 분석하여 최적의 공정 파라미터를 도출하며, 이를 통해 생산 효율성을 극대화하고 자원 소비를 최소화한다. 공정 제어 시스템에 AI를 적용하여 공정 변수를 자동으로 조정함으로써 생산 효율성이 향상되고 자원 낭비가 줄어든다. 예를 들어, 공정 조건을 실시간으로 조정하여 원자재 사용량을 최적화하거나 제품 품질을 개선한다.

또, AI는 판매 데이터, 시장 트렌드, 외부 요인 등을 분석하여 제품 수요를 예측하며 이를 통해 생산 계획을 더욱 정확하게 수립할 수 있다.

AI 기반의 예측 시스템을 통해 수요 변동에 맞춰 생산 계획을 조정하고, 재고 관리를 최적화함으로써 재고 과잉 또는 부족 문제를 예방한다.

자동화와 로봇 공학

AI는 협동 로봇(협업 로봇)을 제어하여 로봇이 사람과 함께 작업을 수행할 수 있도록 한다. 협동 로봇은 안전하고 유연하게 작업을 수행하며, 인간 작업자와 협력한다. 협동 로봇은 조립, 용접, 포장 등의 작업에서 사람과 협력하여 작업 효율성을 높인다. 예를 들어, 자동차 조립 라인에서 협동 로봇이 인간 작업자와 병행하여 부품을 조립하거나 검사하는 작업을 수행한다.

AI 기반의 자율주행 차량과 드론은 물류 및 자재 운반을 자동화한다. 자율 물류 시스템은 공장 내 물류 흐름을 최적화하고, 작업자의 개입 없이 자재를 효율적으로 이

동시킨다. 공장 내 자재와 제품의 이동을 자동화하여 물류 비용을 절감하고, 작업자의 노동 강도를 줄이며, 물류 작업의 정확성과 효율성을 향상한다.

가상 모형(디지털 트윈)과 시뮬레이션

가상 모형(디지털 트윈)은 물리적 공정이나 장비의 가상 모델을 만들어 실시간으로 상태를 모니터링하고 시뮬레이션한다. AI는 디지털 트윈 모델을 통해 공정의 성능을 분석하고 예측한다. 제조 공정의 디지털 트윈을 활용하여 공정 시뮬레이션을 수행하고, 최적의 운영 조건을 찾아내며, 문제 발생 시 대응 전략을 수립한다. 이를 통해 공정 개선과 성과 분석이 용이해진다.

AI 기반의 시뮬레이션 도구는 제조 공정을 모델링하고, 다양한 시나리오를 테스트하여 최적의 공정 파라미터를 찾는다. 생산 라인의 변화를 테스트하고 최적의 공정 조건을 찾아내는 데 사용된다. 예를 들어, 새로운 제품을 생산하기 위해 공정을 조정하거나 공장 레이아웃 변경 시 시뮬레이션을 통해 최적의 설정을 찾을 수 있다.

인공지능 기반의 공급망 관리

AI는 공급망 데이터를 분석하여 재고 관리, 수요 예측,

공급자 선택 등을 최적화한다. 이를 통해 공급망의 효율성을 높이고 비용을 절감할 수 있다. 공급망의 복잡한 데이터를 분석하여 물류 경로를 최적화하고, 재고 수준을 조정하며, 공급자와의 협력을 개선한다. 예를 들어, AI는 주문 패턴을 분석하여 적정 재고 수준을 유지하고, 재고 부족 상황을 예방한다.

AI는 제조업의 다양한 분야에서 혁신적인 변화를 주도하고 있다. 품질 관리, 예측 유지보수, 생산 공정 최적화, 자동화, 디지털 트윈, 공급망 관리 등에서 AI의 활용으로 제조업의 효율성이 크게 향상되고 있다. AI의 발전과 함께 제조업은 지속적으로 경쟁력을 강화하며, 새로운 기회를 창출하고 있으며 이러한 AI의 활용은 제조업의 미래를 형성하는 중요한 요소로 작용하고 있다.

참고문헌

도미노코리아(주)(2023). 제조업의 인공지능(AI) 활용 살펴보기.

Design-Make(2021). 제조업계 인공지능(AI), 미래의 공장을 위한 활용법 및 중요성은?. https://www.autodesk.com/kr/design-make

Brettel, M., et al.(2014), How virtualization, decentralization and network building change the manufacturing landscape: An Industry 4.0 perspective. *International Journal of Mechanical, Aerospace, Industrial, Mechatronic and*

Manufacturing Engineering.

Brynjolfsson, E. & McElheran K.(2016). The digital economy and the future of work. *Journal of economic perspectives,* 30(1).

Chui, M., et al.(2016). Where machines could replace humans—and where they can't (yet). *McKinsey Quarterly.*

Goodfellow, I., et al.(2016). *Deep learning.* MIT Press.

Jurafsky, D & Martin, J. H.(2020). Speech and language processing: An introduction to natural language processing. *Computational linguistics, and speech recognition*(3rd ed.). Pearson.

McCarthy, J., et al.(1956). A proposal for the Dartmouth Summer Research Project on artificial intelligence, Dartmouth College.

Mourtzis, D., et al.(2020). Industrial Big Data: Challenges, opportunities, and future directions. Procedia CIRP, 90.

Russell, S. J. & Norvig P.(2016). *Artificial intelligence: A modern approach*(3rd ed.). Pearson.

03
제조 분야에서의 산업용 사물인터넷

산업용 IoT(IIoT)는 제조업 및 다양한 산업 분야에서 IoT 기술을 활용하여 효율성을 향상하고, 데이터 기반의 의사 결정을 지원하는 기술이다. 주요 구성 요소로는 센서와 장비, 네트워크, 데이터 저장 및 처리, 데이터 분석 등이 있으며, 이는 공정의 효율성을 높이고, 유지보수를 예측하며, 품질을 개선하는 데 도움을 준다. IIoT는 실시간 데이터 모니터링, 공정 최적화, 예측 유지보수, 품질 관리 강화, 의사 결정 지원, 운영 가시성 향상 등의 장점을 가지고 있다. IIoT가 무엇이고 기업은 이를 어떻게 활용하고 있는지를 살펴보고자 한다.

산업용 IoT란 무엇인가?

산업용 IoT(IIoT, Industrial Internet of Things)는 제조업 및 산업 분야에서 사물인터넷(IoT, Internet of Things) 기술을 활용하여 효율성을 향상하고, 데이터 기반의 의사 결정을 지원하는 기술이다. IIoT는 사물인터넷의 원리를 산업 환경에 적용하여 기계, 센서, 장비 및 시스템이 상호 연결되게 하고 데이터를 실시간으로 수집하고 분석할 수 있도록 한다.

산업용 IoT의 주요 구성 요소

센서와 장비

센서는 온도, 압력, 진동, 위치 등 다양한 환경 정보를 측정하는 장치다. 센서는 장비의 상태를 실시간으로 모니터링하고 데이터를 수집한다. 액추에이터(actuator:시스템을 움직이거나 제어하는 데 쓰이는 기계 장치)는 기계적 작동을 제어하는 장치로, 센서의 데이터를 바탕으로 장비를 조정하거나 작동을 수행한다.

네트워크

통신 프로토콜은 IoT 장치 간의 데이터 전송을 위해 사용되는 프로토콜로, 머신 대 머신 통신에 사용되는 표준 기반 메시징 프로토콜 또는 규칙(MQTT, Message Queueing Telemetry Transport), 클라이언트-서버(Client-Server) 모델을 기반으로 동작하며 클라이언트-서버 간에 상태 정보를 전송하기 위한 모델에 적합한 원투원 프로토콜(One-to-One Protocol, 컴퓨터 네트워크에서 원투원 전송이란 고유 주소로 식별된 하나의 네트워크 목적지에 1:1로 트래픽 또는 메시지를 전송하는 프로토콜 방식. 대표적인 원투원 프로토콜 방식으로 COAP과 MQTT는 현재 저 사양 기기를 위한 사물인터넷 환경에서 가장 널리 사용되고 있는 통신 프로토콜임), 웹에서 데이터를 주고받는 서버-클라이언트 모델의 프로토콜(HTTP, Hypertext Transfer Protocol) 등이 있으며, 각기 다른 통신 요구 사항에 맞춰 선택된다. 네트워크 인프라는 데이터를 전달하기 위한 유선 또는 무선 네트워크다. 와이파이(Wi-Fi), 셀룰러 네트워크, 저전력 광역 네트워크(LPWAN, Low Power Wide Area Network) 등이 사용된다.

데이터 저장 및 처리

산업용 IoT는 클라우드 컴퓨팅을 활용하며 대량의 데이터를 저장하고 처리하기 위해 클라우드 서비스를 사용한다. 이를 통해 데이터를 중앙에서 분석하고 저장할 수 있다. 또한, 엣지 컴퓨팅을 활용하며 데이터가 발생하는 현장에서 가까운 위치에서 데이터를 처리하여 응답 시간을 단축하고 실시간 처리를 가능하게 한다.

데이터 분석

산업용 IoT는 대량의 빅데이터를 수집하고 분석하여 유용한 인사이트를 도출하며 데이터 분석을 통해 장비의 상태를 예측하고, 공정 최적화, 품질 개선 등을 지원한다. 또, 데이터를 분석하여 패턴을 발견하고 AI와 기계 학습(머신 러닝)을 이용하여 예측 모델을 생성한다. 이를 통해 예측 유지보수, 품질 검사 자동화, 공정 최적화 등을 수행한다.

그리고 실시간 데이터를 시각화하고, 공정이나 장비를 원격으로 제어할 수 있는 애플리케이션과 대시보드를 제공한다. 문제가 발생했을 때 즉시 알림을 제공하고 대응 조치를 취할 수 있도록 모니터링 및 제어 지원한다.

산업용 IoT의 주요 장점

산업용 IoT는 실시간 데이터 모니터링 및 분석을 통해 공정의 효율성을 높이고 자원 낭비를 줄일 수 있다. 생산성 증대 및 운영 비용 절감 등 효율성 향상에 기여한다.

장비의 상태를 실시간으로 모니터링하고 분석하여 고장을 예측하고 예방하는 기능을 수행할 수 있다. 이는 유지보수 비용을 절감하고 가동 중지 시간을 줄이는 데 도움을 준다.

제품의 품질을 실시간으로 검사하고 문제를 조기에 발견하여 품질 관리를 강화할 수 있으며 이를 통해 불량률을 감소하고 일관된 품질을 유지할 수 있다.

실시간 데이터와 분석 결과를 바탕으로 더 나은 의사결정을 내릴 수 있다. 이는 공정 개선, 생산 계획 조정, 자원 배분 최적화 등에 도움이 된다.

모든 장비와 공정의 상태를 실시간으로 파악할 수 있어 운영 전반에 대한 가시성을 높일 수 있으며 이로써 문제가 발생했을 때 빠르게 대응할 수 있게 된다.

산업용 IoT의 적용 사례

산업용 IoT의 실적용 사례를 알아보자.

1) 제조 공장에 산업용 IoT를 활용하여 생산 공정을 자동화하고, 실시간으로 데이터를 분석하여 공정 최적화와 품질 개선 등의 스마트 공장에 적용하는 경우가 있다.

2) 산업 장비의 센서 데이터를 분석하여 장비 고장을 사전에 예측하고, 필요한 유지보수를 시기적절하게 예측하는 유지보수 사례를 들 수 있다.

3) 물류 및 공급망 관리를 위해 산업용 IoT를 활용하여 자재의 위치를 추적하고, 재고를 실시간으로 관리하며, 물류 경로를 최적화하는 스마트 물류 사례를 예시할 수 있다.

4) 에너지 사용 데이터를 실시간으로 모니터링하고 분석하여 에너지 소비를 최적화하고 비용을 절감하는 에너지 관리 사례를 들 수 있다.

5) 작업장의 위험 요소를 실시간으로 모니터링하고, 위험을 감지하여 즉시 경고를 제공하며 사고를 예방하는 산업 안전 사례가 될 수 있다.

산업용 IoT는 제조업뿐만 아니라 다양한 산업 분야에서 혁신을 주도하고 있으며, 데이터를 기반으로 하는 스마트한 의사 결정을 가능하게 하고 있다. 이러한 기술을 도입함으로써 기업은 경쟁력을 강화하고, 운영의 효율성을 극대화할 수 있다.

산업용 IOT와 소비자 IOT

산업용 IoT(IIoT)와 소비자 IoT(CIoT, Consumer Internet of Things)는 모두 사물인터넷 기술을 활용하지만, 그 적용 범위와 목적, 사용되는 기술, 요구되는 성능 등이 다르다.

산업용 IoT는 제조업, 에너지, 물류, 헬스 케어 등 산업 분야에서 IoT 기술을 활용하여 공정의 효율성을 높이고, 데이터 기반의 의사 결정을 지원하는 기술이다. IIoT는 대규모 시스템의 모니터링, 제어, 분석을 가능하게 하며, 산업적 요구에 맞춘 성능과 신뢰성을 제공한다.

소비자 IoT는 일상생활에서 사용되는 다양한 소비자 기기와 장비를 인터넷에 연결하여 스마트하고 편리한 생활을 가능하게 하는 기술이다. 소비자 IoT는 개인의 편의성, 건강 관리, 스마트 홈 구축 등을 목표로 한다.

주요 구성 요소

소비자 IoT를 구현하기 위해 가정용 기기, 착용 기기(wearable device), 스마트 가전 등 다양한 소비자 장비가 센서와 연결되어 있다.

네트워크 인프라로는 와이파이(Wi-Fi), 블루투스, 지그비(Zigbee) 등 소비자 환경에 적합한 네트워크 기술이 사용된다. 데이터 처리 및 저장은 클라우드 기반의 서비스와 모바일 애플리케이션을 통해 처리한다. 사용자 행동 패턴 분석, 맞춤형 서비스 제공 등을 위해 데이터 분석이 수행된다.

주요 장점

소비자 IoT는 스마트 홈 기기, 음성 비서 등으로 일상생활의 편리함을 제공하며 착용 기기를 통해 건강 상태를 모니터링하고, 체력 단련 목표를 달성하는 데 도움을 준다. 또한, 스마트 전구, 온도 조절기 등을 통해 에너지 소비를 최적화하며 스마트 카메라와 경비 시스템으로 가정의 보안을 강화한다.

소비자 IoT 적용 사례

스마트 조명, 스마트 온도 조절기 등이 스마트 홈에 적용되며 스마트 워치, 스마트 냉장고, 스마트 오븐 등이 스마트 가전(지능형 가전)에 사용된다. 구글 홈, 아마존 알렉사에서 출시된 기기들이 음성 비서의 역할을 한다. 손목에 착용하는 피트니스 트래커(fitness tracker, activity tracker) 등의 웨어러블 기기도 있다.

산업용 IoT와 소비자 IoT의 주요 차이점

목표와 적용 범위

산업용 IoT는 산업 공정의 최적화, 유지보수, 품질 관리 등 산업적 효율성을 목표로 하며 소비자 IoT는 개인의 생활 편리성, 건강 관리, 가전 자동화를 목표로 한다.

기술 요구 사항

산업용 IoT는 높은 신뢰성, 실시간 처리, 대규모 데이터 처리와 보안이 요구되며 소비자 IoT는 사용 편의성, 에너지 효율성, 간단한 설치와 유지관리가 중요하다.

데이터 처리 및 저장

산업용 IoT는 대량의 데이터를 실시간으로 분석하고 저장할 수 있는 인프라가 필요하며 소비자 IoT는 클라우드와 모바일 기반의 데이터 처리와 저장이 일반적이다.

보안과 프라이버시

산업용 IoT는 데이터의 보안과 시스템의 안정성이 매우 중요하고 산업 기밀을 보호해야 하며, 소비자 IoT는 개인 정보 보호와 사용자의 프라이버시가 중요한 고려 사항이다.

산업용 IoT와 소비자 IoT는 각각의 요구 사항과 응용 분야에 맞춰 기술과 시스템이 설계되며, 둘 다 IoT 기술을 활용하여 다양한 혁신을 이끌고 있다.

산업용 IoT 적용 우수 사례

산업용 IoT의 적용 사례는 다양하며, 전 세계적으로 많은 제조업체들이 IIoT를 통해 혁신을 이루고 있다. 다음은 IIoT 적용의 우수 사례들로, 각 사례는 공정 효율성, 품질 향상, 비용 절감 등에서 큰 성과를 거두었다.

제너럴 일렉트릭 - 프레딕스 플랫폼

제너럴 일렉트릭(GE, General Electric)은 프레딕스(Predix)라는 IIoT 플랫폼을 개발하여 산업 장비의 실시간 모니터링 및 분석을 수행한다. 프레딕스 플랫폼은 센서 데이터를 수집하고 분석하여 장비의 상태를 실시간으로 평가하며 이를 통해 장비의 고장 가능성을 조기에 예측하고, 유지보수 필요성을 사전에 알려 준다. GE는 이 플랫폼의 사용을 통해 장비 가동 중단 시간이 최소화되고 유지보수 비용이 절감되었으며, 장비의 수명이 연장되는 성과를 거두었다.

지멘스 - 디지털 트윈

지멘스(Siemens)는 가상 모형(Digital Twin) 기술을 활용하여 물리적 생산 공정의 가상 모델을 생성하고, 이를 통해 시뮬레이션을 수행한다. 가상 모형은 실시간 데이터를 기반으로 공정의 성능을 분석하고, 최적의 운영 조건을 찾아내며, 문제 발생 시 대응 전략을 수립한 스마트 제조 공정 구축 사례다. 이를 통해 공정 개선과 성과 분석이 용이해졌으며 공정 최적화와 자원 사용의 효율성이 크게 향상되었다.

보슈 - 인더스트리 4.0

보슈(Bosch)는 인더스트리(Industry) 4.0 설루션(solution)을 통해 자사의 제조 공정을 디지털화하고, IIoT 기술을 통해 스마트 공장을 구현했다. 이 설루션은 생산 장비와 공정의 데이터를 실시간으로 모니터링하고, 자동으로 공정을 조정하여 생산 효율성을 극대화했다. 성과로는 생산 효율성과 품질이 크게 향상되고 운영 비용이 절감되었으며, 제조 공정의 유연성이 향상되었음을 들 수 있다.

허니웰 - 연결 공정 설루션

허니웰(Honeywell)의 연결 공정(Connected Plant) 설루션은 공정 데이터를 실시간으로 모니터링하고 분석하여 공정의 성능을 최적화한다. 이 시스템은 공정의 문제를 조기에 감지하고, 자동으로 경고를 발송하며, 작업자에게 실시간으로 안전 정보를 제공한다. 이로써 공정 안정성이 향상되었으며, 사고 및 오류가 줄어들었고 작업자 안전이 강화되었으며, 공정의 효율성이 증대되었다.

슈나이더 일렉트릭 - 에코스트럭셔 플랫폼

슈나이더 일렉트릭(Schneider Electric) 기업은 에코스트럭셔 플랫폼(EcoStruxur Platform, 에코스트럭셔는 가정, 건물, 데이터센터, 인프라의 IoT 지원, 플러그 앤 플레이, 개방적이고 상호 운용적인 아키텍처 및 플랫폼)을 통해 에너지 관리와 자동화 설루션을 제공한다. 이 플랫폼은 건물, 공장, 데이터 센터 등에서 에너지 소비를 실시간으로 모니터링하고 분석하여 효율적인 에너지 관리를 지원한다. 슈나이더 일렉트릭은 이 플랫폼을 활용해 에너지 비용이 절감되었으며, 에너지 효율이 크게 향상되었다. 또, 환경 영향을 줄이고, 운영 비용을 절감했다.

도요타 - 커넥티드 자동차 시스템

도요타(Toyota)는 산업용 IoT 기술을 활용하여 자사의 자동차 생산 공정을 자동화하고, 차량 관리 시스템을 개발했다. 커넥티드 자동차 시스템(Connected Vehicles, 커넥티드 자동차는 차량의 상태를 실시간으로 모니터링하고, 운전 데이터를 수집하여 차량의 성능을 향상하고, 예측 유지보수를 지원함)의 사용으로 차량의 성능과 안전성이 향상되었다. 그리고 유지보수 비용이 절감되었으며, 고객 만족도가 증가했다.

필립스 - 스마트 팩토리

필립스(Phillips)는 산업용 IoT 기술을 통해 스마트 제조 공장을 운영하며, 공정 자동화와 품질 관리를 개선했다. 이 시스템은 실시간 데이터를 수집하고 분석하여 공정의 병목 현상을 제거하고, 제품의 품질을 모니터링했다. 성과로는 생산 공정의 효율성이 향상되었으며, 제품 품질이 크게 개선되었다. 그리고 생산성이 증대되고 운영 비용이 절감되었다.

캐터필러 - 원격 자산 모니터링 설루션

캐터필러(Caterpillar)의 원격 자산 모니터링 설루션(CAT

Connect Solution)은 건설 장비의 상태를 실시간으로 모니터링하고, 데이터를 분석하여 유지보수를 지원한다. 이 시스템은 장비의 성능 데이터를 수집하여 최적의 유지보수 시점을 제시하고, 장비의 가동 중단 시간을 줄인다. 이로써 장비의 가동 시간과 생산성이 향상되었다. 또 유지보수 비용이 절감되었으며, 장비의 수명이 연장되었다.

이러한 사례들은 산업용 IoT가 제조업에서 어떻게 혁신을 이끌어 내고 있는지를 잘 보여 준다. 산업용 IoT는 공정의 효율성을 높이고, 비용을 절감하며, 품질을 개선하는 데 중요한 역할을 하고 있다.

참고문헌

디이렉 콘퍼런스(2024). 산업용 사물인터넷(IIoT) 기반 스마트 팩토리 구현의 이점과 해결 과제.

천강민(2020). 제조업의 혁신, 스마트 팩토리를 이끄는 '산업용 IoT'. ZDnet Korea.

Armstrong, R.(2020). *Smart manufacturing: The ultimate guide to Industry 4.0.* Springer.

Buyya, R. & Srirama, S.(2016). *Internet of Things: Principles and paradigms.* Elsevier.

Chowdhury, G.(2019). *S. A. Hussain. The Internet of Things: Key applications and technology.* Wiley.

Daniel, R.(2017). *The Internet of Things: A Look at Real-World*

Use Cases. Apress.

Gupta, V.(2017). *Smart homes and their users: A study of consumer IoT.* CRC Press.

Jeschke, S., et al.(2017). *Industrial Internet of Things: cybermanufacturing systems.* Springer.

Kumar, P. & Reddy, K.(2018). *Internet of Things: A comprehensive review of technologies and applications.* Springer.

Rowland, C., et al.(2015). *Designing connected products: UX for the consumer Internet of Things.* O'Reilly Media.

Soldatos, J.(2018). *Industrial Internet of Things (IIoT): A comprehensive guide.* Wiley.

Uckelmann, D., et al.(2011). *Architecting the Internet of Things:A model-based approach.* Springer.

04
빅데이터를 활용한 스마트 공장과 인공지능

빅데이터와 스마트 공장은 제조업의 혁신을 이끄는 핵심 기술이다. 빅데이터는 방대한 양의 데이터를 실시간으로 수집, 저장, 분석하여 공정의 효율성을 높이고, 스마트 공장은 이러한 데이터를 기반으로 자동화와 최적화를 실현한다. 이를 통해 제조업체는 생산성을 극대화하고, 품질을 향상하며, 비용을 절감할 수 있다. 향후 더 많은 제조업체가 스마트 공장과 빅데이터, 인공지능 기술을 도입하여 글로벌 경쟁력을 강화할 것으로 기대된다.

빅데이터와 스마트 공장

스마트 공장은 최신 디지털 기술을 활용하여 제조 공정을 자동화하고 최적화하는 혁신적인 제조 시스템이다. 빅데이터는 이러한 스마트 공장의 핵심 요소로, 대규모 데이터를 수집, 저장, 분석하여 유용한 정보를 도출하고 이를 기반으로 생산 공정을 개선하는 데 중요한 역할을 한다. 빅데이터와 스마트 공장에 대한 상세한 설명을 하고자 한다.

빅데이터란?

빅데이터는 전통적인 데이터 처리 방법으로는 다루기 힘든 방대한 양의 정형 및 비정형 데이터를 의미한다. 이 데이터는 속도(velocity), 다양성(variety), 양(volume)의 3V 특성이 있으며, 이를 통해 의미 있는 패턴과 통찰을 도출할 수 있다. 빅데이터는 다양한 소스에서 생성되며, 스마트 공장에서는 주로 다음과 같은 데이터가 포함된다. 첫째, 기계 데이터로 생산 장비와 센서로부터 실시간으로 수집되는 데이터다. 둘째, 공정 데이터로 생산 공정의 각 단계에서 발생하는 데이터다. 셋째, 품질 데이터로 제품의 품질 검사 결과 및 결함 데이터다. 넷째, 운영 데이터로 에너지 소비, 자재 사용, 작업자 활동 등 운영 관련 데이터다.

스마트 공장이란?

스마트 공장은 IoT(사물인터넷), AI(인공지능), 클라우드 컴퓨팅, 빅데이터 분석 등의 첨단 기술을 통합하여 생산 공정을 자동화하고 최적화하는 제조 시스템이다. 스마트 공장은 실시간 데이터 수집과 분석을 통해 생산 공정의 효율성을 극대화하고, 품질을 향상하며, 비용을 절감할 수 있다.

빅데이터의 스마트 공장 적용 사례

첫째, 데이터 수집 및 통합 사례다. 스마트 공장은 다양한 센서와 IoT 장치를 통해 생산 공정의 모든 단계를 실시간으로 모니터링한다. 센서는 온도, 압력, 진동, 위치 등 다양한 환경 정보를 측정하여 데이터베이스로 전송한다. 이러한 데이터는 공장의 중앙 시스템에서 통합되어 분석의 기초가 된다.

둘째, 실시간 모니터링 및 분석 사례다. 실시간으로 수집된 데이터는 빅데이터 분석 도구를 통해 분석된다. 이러한 과정에서 기계의 성능, 공정의 효율성, 품질 상태 등의 정보를 얻을 수 있다. 예를 들어, 기계의 온도와 진동 데이터를 분석하여 기계 고장을 예측하고 예방 정비를 계획할 수 있다.

셋째, 예측 유지보수 사례다. 빅데이터 분석을 통해 기계의 고장 패턴을 파악하고, 고장이 발생하기 전에 예방 정비를 수행할 수 있다. 이는 기계의 가동 중단 시간을 줄이고, 유지보수 비용을 절감하는 데 큰 도움이 된다. 예측 유지보수는 기계의 상태를 실시간으로 모니터링하고, 데이터 분석을 통해 고장 가능성을 예측하는 기술 적용 사례다.

넷째, 품질 관리 사례다. 스마트 공장은 빅데이터를 활용하여 제품의 품질을 실시간으로 모니터링한다. 생산된 제품의 품질 데이터를 분석하여 결함을 조기에 발견하고, 불량품을 자동으로 식별할 수 있으며 이를 통해 제품의 품질을 높이고, 불량률을 줄일 수 있다.

다섯째, 공정 최적화 사례다. 빅데이터 분석을 통해 생산 공정을 최적화할 수 있다. 생산 속도, 품질, 에너지 소비 등의 데이터를 분석하여 최적의 생산 조건을 도출하고, 공정 간의 상호작용을 분석하여 최적의 운영 조건을 찾을 수 있다. 이를 통해 생산성이 향상되고, 비용을 절감할 수 있다.

여섯째, 에너지 관리 사례다. 스마트 공장은 에너지

소비 데이터를 실시간으로 모니터링하고 분석하여 에너지 효율성을 향상할 수 있다. 에너지 소비 패턴을 분석하여 불필요한 에너지 소비를 줄이고, 에너지 비용을 절감할 수 있다.

빅데이터와 스마트 공장은 제조업의 혁신을 이끄는 핵심 기술이다. 빅데이터는 방대한 양의 데이터를 실시간으로 수집, 저장, 분석하여 공정의 효율성을 높이고, 스마트 공장은 이러한 데이터를 기반으로 자동화와 최적화를 실현한다. 이를 통해 제조 업체는 생산성을 극대화하고, 품질을 향상하며, 비용을 절감할 수 있다. 향후 더 많은 제조 업체가 스마트 공장을 도입하여 글로벌 경쟁력을 강화할 것으로 기대된다.

인공지능과 스마트 공장

스마트 공장은 제조업의 디지털 혁신을 주도하는 핵심 기술로, 여기에는 인공지능이 중요한 역할을 하고 있다. AI는 데이터를 분석하고 예측하며, 자동화된 의사 결정을 통해 제조 공정을 최적화하고 효율성을 극대화한다. 다음은 인공지능과 스마트 공장에 대한 상세한 설명이다.

인공지능이란?

인공지능은 컴퓨터 시스템이 인간과 유사한 지능적 행동을 수행할 수 있도록 하는 기술이다. AI는 기계 학습, 딥러닝, 자연어 처리 등 다양한 분야로 구성되며, 데이터를 기반으로 학습하고 패턴을 인식하여 문제를 해결하는 능력을 갖추고 있다. AI는 방대한 양의 데이터를 분석하여 의미 있는 통찰을 도출하고, 이를 바탕으로 예측하고 자동화된 결정을 내린다.

인공지능의 스마트 공장 적용 사례

AI는 기계 학습 알고리즘을 통해 기계의 고장을 예측하고, 예방 정비를 계획하는 데 사용된다. 센서 데이터를 분석하여 기계의 상태를 실시간으로 모니터링하고 고장 발생 가능성을 예측하며 이를 통해 기계 고장을 사전에 방지하고, 유지보수 비용을 절감하며, 기계 가동 시간을 최대화할 수 있다. 예를 들어 지멘스(Siemens)는 AI를 활용하여 터빈의 고장을 예측하고 예방 정비를 수행하며 이를 통해 터빈의 가동 중단 시간을 줄이고 유지보수 비용을 절감하고 있다.

품질 관리 사례에서 AI는 생산된 제품의 품질을 검사하고, 불량품을 자동으로 식별할 수 있다. 고해상도 이미지 분석 기술을 통해 제품의 결함을 감지하고, 품질 데이터를 분석하여 품질 관리 프로세스를 최적화하며 이를 통해 불량률을 줄이고 제품의 품질을 향상할 수 있다. 사례로 베엠베(BMW)가 AI 기반의 이미지 분석 시스템을 도입하여 자동차 부품의 품질을 검사하고 불량품을 자동으로 식별하며 이를 통해 제품 품질을 향상하고 생산 비용을 절감한 것을 들 수 있다.

공정 최적화 사례에서 AI는 전체 생산 공정을 분석하고, 최적의 공정 조건을 도출하여 생산성을 향상한다. 공정 간의 상호작용을 분석하여 최적의 운영 조건을 찾고, 생산 속도와 품질이 동시에 향상되는 데 기여한다. 또, AI는 공정 데이터를 실시간으로 분석하여 공정의 병목 현상을 파악하고, 이를 해결하기 위한 조치를 취한다. 제너럴일렉트릭(GE)은 AI를 활용하여 항공기 엔진의 제조 공정을 최적화하고 있다. AI가 공정 데이터를 분석하여 최적의 생산 조건을 도출하고, 공정 간의 상호작용을 최적화하여 생산성이 향상된 사례다.

자동화 및 로봇 제어 사례에서 AI는 스마트 로봇을 제어하고, 복잡한 작업을 자동으로 수행하게 한다. 이는 고도의 정밀성과 유연성을 요구하는 작업에서 특히 유용하며, 인력의 부담을 줄이고 생산성을 높인다. 로봇은

AI 알고리즘을 통해 학습하고, 다양한 작업 환경에 적응하며, 정확하고 신속하게 작업을 수행한다. 아마존(Amazon)은 AI 기반의 로봇을 물류 센터에 도입하여 주문 처리와 재고 관리를 자동화하고 있으며 이를 통해 작업 효율성을 극대화하고 운영 비용을 절감하고 있다.

공급망 관리 사례에서 AI는 공급망 데이터를 분석하여 수요 예측, 재고 관리, 물류 최적화를 지원한다. 이를 통해 공급망의 효율성을 극대화하고, 재고 비용을 절감하며, 고객의 요구에 신속하게 대응할 수 있다. AI는 실시간으로 공급망 상태를 모니터링하고, 데이터 분석을 통해 최적의 공급망 전략을 도출한다. 월마트(Walmart)는 AI를 활용하여 공급망 데이터를 분석하고 수요를 예측하여 재고를 관리하며 이를 통해 재고 비용을 절감하고, 제품의 공급을 원활하게 유지하고 있다.

AI 기반 스마트 공장의 장점

AI 기반 스마트 공장의 장점으로는 자동화와 공정 최적화를 통해 생산성 향상이 극대화될 수 있으며 AI를 활용한 품질 관리 시스템으로 제품의 품질이 향상되고 불량률을 줄일 수 있다는 점을 들 수 있다. 또, 예측 유지보수와 공정 최적화를 통해 유지보수 비용과 운영 비용을 절감할 수 있으며 AI 기반의 실시간 데이터 분석과 의사 결정 지원을 통해 운영의 효율성을 극대화할 수 있다는 점도 있다. 다양한 제품을 유연하게 생산할 수 있는 유연성도 장점이다.

인공지능과 스마트 공장은 제조업의 혁신을 이끄는 핵심 기술이다. AI는 데이터를 분석하고 예측하며, 자동화된 의사 결정을 통해 제조 공정을 최적화하고 효율성을 극대화한다. 스마트 공장은 AI, IoT, 빅데이터 등의 첨단 기술을 통합하여 생산성을 극대화하고, 품질을 향상하며, 비용을 절감할 수 있다. 향후 더 많은 제조업체가 스마트 공장을 도입하여 글로벌 경쟁력을 강화할 것으로 기대된다.

참고문헌

Lee, J., et al.(2014). Big data analytics in manufacturing: The evolution from data to insights.

Lee, J., et al.(2016). The role of big data in smart manufacturing.

Mourtzis, D.(2020). Smart manufacturing: Concepts, systems, and applications.

Nahavandi, S.(2019). Artificial intelligence in manufacturing: past, present and future.

Pham, D. & Pham, P.(2019). AI-driven smart manufacturing: Machine learning applications in predictive maintenance and

quality control.
Zhang, Z. & Li J.(2018). Optimization of manufacturing processes with AI techniques.

05
인공지능 기반 생산 최적화

최근 코로나19 팬데믹과 러시아-우크라이나 전쟁 등으로 공급망 차질 및 경제 불확실성이 증가했다. 급변하는 시장 환경과 불안정성 속에서 AI는 신속한 의사 결정 지원으로 변화에 빠르게 대응할 수 있다. 소비자 맞춤형 제품 선호 증가로 제조 과정이 복잡해지고 다품종 소량 생산 요구가 증가하면서 AI는 맞춤형 생산을 효율적으로 지원하는 설루션이 되었다. 디지털 시대의 고객 기대 증가와 긴급 주문 증가로 신속한 대응이 필요하다. 단계별 AI 도입 방안과 생산성 향상, 품질 개선, 비용 절감 등 다양한 효과를 제시하였다.

제조 기업에 인공지능 기반 생산 최적화 도입이 왜 필요할까?

급변하는 시장 환경과 불안정성

최근 몇 년간, 코로나19 팬데믹과 러시아-우크라이나 전쟁 등 전 세계적인 전염병과 전쟁의 여파로 글로벌 공급망에 심각한 차질이 발생했다. 이와 같이 공급 환경에 급격한 변화가 발생하면 제조 기업은 원자재와 부품 확보에 어려움을 겪게 된다. 경제의 불확실성 또한 기업의 수요 예측을 어렵게 만들고 있으며 세계적인 금융 위기와 무역 분쟁, 환율 등의 경제적 변동성은 기업의 장기 계획과 투자 결정에 리스크로 작용한다. 기업은 시장의 변화에 따라 생산 계획과 운영 전략을 신속하게 조정할 수 있어야 하며 AI 설루션(solution)은 급격하게 변화하는 대내외 환경에 효율적으로 대응해, 관리자의 빠른 의사 결정을 지원한다.

다품종 소량 생산의 요구 증대

오늘날 소비자들은 단순히 제품의 우수한 기능만을 추구하는 것이 아니라, 자신의 개성과 요구를 반영할 수 있는 맞춤형 제품을 선호한다. 다양한 제품을 제공하는 것이 기업의 경쟁 우위 확보에 중요한 요소가 되며 다품종 소량 생산에 대한 요구가 증가함에 따라 제조 과정 또한 더욱 복잡해졌고, 인공지능과 데이터 분석 기술을 활용한 생산 고정 최적화의 필요성이 대두되었다. 따라서 AI 설루션은 소비자의 개별화된 요구 사항에 맞추어, 제조 기업이 다양한 제품을 효율적으로 생산할 수 있도록 지원한다.

긴급 주문 발생량의 증가

디지털 시대의 도래와 함께 고객의 기대치는 상당히 높아졌다. '즉시 배송'과 '맞춤형 제품'은 더 이상 특별한 서비스가 아닌 기본적인 요구 사항이 되었다. 이에 따라 긴급 주문이 급증하고 있으며, 제조 기업은 이러한 변화에 신속하게 대응할 수 있는 유연성을 갖추어야 한다. AI 기반의 설루션은 긴급 주문에 대한 신속한 대응을 가능하게 하는 동시에 전체 생산 과정을 최적화하여 비용과 시간을 절약할 수 있다.

제조 기업에서 인공지능 기반 생산 최적화 도입 방안

AI 기반 생산 최적화 설루션을 도입하는 단계별 접근 방안은 다음과 같다.

목표 설정

먼저, 생산성 향상, 비용 절감, 품질 개선 등 구체적인 생산 최적화 목표를 설정하며 핵심 성과 지표(KPI, Key Performance Indicators)를 수립하여 성과를 측정한다.

데이터 수집 및 준비

IoT 센서, 데이터베이스, 클라우드 스토리지 등 데이터 수집 및 저장을 위한 인프라를 구축하고 기계 데이터, 공정 데이터, 품질 데이터 등 필요한 데이터를 실시간으로 수집한다.

분석 및 AI 모델 훈련을 위한 데이터 정제 및 전처리 작업을 수행한다.

AI 설루션 설계 및 개발

기계 학습, 딥러닝 등 적합한 AI 모델을 선택하여 개발하고 작은 규모의 파일럿 프로젝트를 통해 AI 모델을 테스트하고 성능을 검증한다. 또, 파일럿 테스트 결과를 바탕으로 모델을 최적화한다.

시스템 통합

기존 생산 시스템과 AI 모델을 통합하여 실시간 데이터 분석 및 의사 결정을 지원하고 AI 모델의 예측 결과를 바탕으로 자동화된 공정 제어 및 유지보수 시스템을 구현한다.

모니터링 및 개선

AI 모델의 성능과 생산 공정의 효율성을 실시간으로 모니터링하고 개선하며 모니터링 결과를 바탕으로 AI 모델과 생산 공정을 지속적으로 개선하는 피드백 루프 시스템을 실행한다. 또, 설정한 KPI를 기준으로 성능 평가를 수행하고 목표 달성 여부를 검토한다.

교육 및 변화 관리

AI 기반 시스템 사용법 및 유지보수 방법에 대한 직원 교육을 제공하고 새로운 시스템 도입에 따른 조직 내 변화를 관리하고 직원들의 적응을 지원한다.

확장 및 스케일업

파일럿 프로젝트의 성공을 위해 확장 계획을 수립하여 전체 생산 공정에 AI 설루션을 확대 적용하고 최신 AI 기술 및 제조 트렌드를 반영하여 지속적인 혁신을 추진한다.

이러한 단계들을 통해 제조 기업은 AI 기반 생산 최적화 설루션을 효과적으로 도입하여 생산성을 극대화하고, 품질을 개선하며, 비용을 절감할 수 있다.

AI 기반 생산 최적화 설루션 도입, 어떤 효과가 있을까?

AI 기반 생산 최적화 설루션을 도입하면 제조 기업은 여러 가지 중요한 효과를 얻을 수 있다. 이러한 설루션 도입의 주요 효과는 다음과 같다.

생산성 향상

AI가 실시간 데이터 분석을 통해 생산 공정을 최적화하여 생산성이 크게 향상된다. 이는 자동화된 공정 제어, 작업 흐름 최적화, 병목 현상 제거 등을 포함한다. 예를 들어, AI는 기계의 작업 속도를 조정하여 생산 라인의 전체 흐름을 원활하게 유지할 수 있다.

품질 개선

AI는 고해상도 이미지 분석과 기계 학습(머신 러닝) 알고리즘을 통해 제품의 품질을 실시간으로 검사하고 결함을 조기에 발견한다. 이를 통해 불량품을 줄이고, 제품의 일관된 품질을 유지할 수 있다. 예를 들어, 베엠베(BMW)에서 AI를 통해 부품의 결함을 자동으로 식별하여 품질을 높인 사례가 있다.

예측 유지보수

AI는 기계 학습 알고리즘을 사용하여 기계의 고장 패턴을 분석하고, 고장이 발생하기 전에 예방 정비를 수행할 수 있다. 이는 기계의 가동 중단 시간을 줄이고, 유지보수 비용을 절감하는 데 큰 도움이 된다. 지멘스(Siemens)는 AI를 통해 터빈의 고장을 예측하고 예방 정비를 수행했다.

비용 절감

AI는 운영 비용을 절감하는 데 중요한 역할을 한다. 에너지 소비 패턴을 분석하여 불필요한 에너지 소비를 줄이고, 효율적인 자원 배분을 통해 비용 효율성을 높일 수 있다. 이는 낭비되는 재료 절감과 생산 공정의 최적화를 통해 달성된다.

운영 효율성 증대

AI는 실시간 데이터 분석을 통해 공정의 효율성을 극대화하고, 실시간 의사 결정을 지원한다. 이는 생산 공정의 유연성을 높이고, 다양한 제품을 유연하게 생산할 수 있는 능력을 갖추게 한다. 아마존(Amazon)의 AI 기반 로봇 활용은 물류 센터의 주문 처리와 재고 관리를 자동화하여 운영 효율성을 극대화한 사례다.

경쟁력 강화

AI 도입을 통해 제조 기업은 글로벌 시장에서 경쟁력을 강화할 수 있다. 생산성 향상, 품질 개선, 비용 절감 등의 효과는 기업의 경쟁 우위를 확보하는 데 큰 도움이 된다. 이는 시장에서의 입지를 강화하고, 새로운 시장 기회를 창출하는 데 기여할 수 있다.

데이터 기반 의사 결정

AI는 방대한 양의 데이터를 분석하여 의미 있는 통찰을 도출하고, 이를 바탕으로 예측과 의사 결정을 자동화한다. 이는 경영진이 데이터 기반의 전략적 결정을 내리는 데 도움을 주며, 전반적인 경영 효율성을 높인다.

AI 기반 생산 최적화 설루션 도입은 제조 업체에 다양한 효과를 제공한다. 생산성 향상, 품질 개선, 예측 유지보수, 비용 절감, 운영 효율성 증대, 경쟁력 강화, 데이터 기반 의사 결정 등의 이점은 제조 기업이 글로벌 시장에서 성공적으로 경쟁할 수 있는 중요한 요소다. 이러한 설루션을 도입함으로써 제조 업체는 지속 가능한 성장을 달성하고, 혁신을 주도할 수 있다.

생산 최적화를 위한 글로벌 제조 기업의 AI 설루션 적용 사례

제너럴 일렉트릭: AI 기반 공정 최적화 시스템을 도입하여 효과를 거두었다. 항공기 엔진 제조 공정의 데이터를 실시간으로 분석하여 최적의 생산 조건을 도출하고 공정 간의 상호작용을 최적화하여 생산성 향상을 이루었다.

폭스콘(Foxconn): AI와 IoT 기반 스마트 제조 시스템을 도입해 효과를 거두었다. 전체 생산 라인을 실시간으로 모니터링하고, 데이터를 분석하여 생산 공정을 최적화함으로써 생산성을 증대하고 품질을 개선한 사례다.

프록터 & 갬블(P&G, Procter & Gamble): AI 기반 예측

모델 시스템을 도입한 사례로 제조 공정에서 발생할 수 있는 문제를 사전에 예측하고 해결하여 제품 품질을 유지하고 생산 중단을 최소화했다.

이들 글로벌 제조 기업은 AI 설루션을 통해 생산성을 향상하고, 품질을 개선하며, 비용을 절감하는 등의 효과를 보고 있다. 이러한 사례들은 AI가 제조업의 혁신과 경쟁력 강화를 위한 중요한 도구임을 잘 나타낸다.

제조업에서 생산 최적화를 위한 AI 적용 미래 전망과 발전 방향

미래 전망

지능형 공정 자동화 AI는 더욱 정교한 공정 자동화를 가능하게 하여 생산 속도와 효율성을 극대화할 것이다. 이는 로봇, 자동화 기계, 그리고 AI 소프트웨어의 통합을 통해 이루어질 것이다. 예측 분석과 유지보수 AI의 발전으로 기계의 고장과 생산 공정의 문제를 사전에 예측하고 예방할 수 있는 능력이 향상될 것이다. 이는 유지보수 비용을 줄이고 생산 중단을 최소화할 것이다. 데이터 기반 의사 결정 AI는 실시간 데이터 분석을 통해 더 정확하고 신속한 의사 결정을 지원할 것이다. 이는 생산 계획, 자재 관리, 품질 관리 등의 분야에서 큰 변화를 불러올 것이다. 맞춤형 생산 AI는 소비자 요구에 맞춘 맞춤형 생산을 가능하게 하여 시장 변화에 빠르게 대응할 수 있게 할 것이다. 이는 대량 맞춤형 제품 생산을 통해 경쟁력을 높일 것이다.

발전 방향

AI 기술의 통합 제조 업체는 IoT, 빅데이터, 클라우드 컴퓨팅과 같은 다양한 디지털 기술을 AI와 통합하여 스마트 공장을 구현할 것이다. 이는 생산 공정의 모든 단계를 연결하고 최적화하는 데 도움을 줄 것이다. AI 모델의 고도화 기계 학습과 딥러닝 알고리즘의 발전으로 더욱 정확하고 강력한 AI 모델이 개발될 것이다. 이는 복잡한 제조 공정의 최적화와 자동화를 지원할 것이다. 데이터 품질 향상 AI의 성능을 극대화하기 위해 데이터 품질 관리가 중요해질 것이다. 이는 데이터 수집, 정제, 분석 과정에서의 정확성과 일관성을 보장하기 위한 노력으로 이어질 것이다. 사이버 보안 강화 스마트 공장의 확산으로 인해 사이버 보안이 중요한 과제로 대두될 것이다. AI 기반의 보안 설루션이 개발되어 생산 시스템을 보호하고 데이터 유출을 방지할 것이다. 지속 가능한 제조 AI는 에너지 소비를 최적화하고 자원 사용을 최소화하여 지속 가능한 제조를 지원할 것이다. 이는 환경 보호와 비용 절감에 기여할 것이다.

제조업에서 AI 기반 생산 최적화의 도입은 지속적으로 발전하고 있으며, 이는 생산성 향상, 비용 절감, 품질 개선 등 여러 면에서 제조업에 큰 이점을 제공한다. 미래에는 더욱 정교한 AI 기술과 통합 설루션이 제조업의 혁신을 주도할 것이며, 이를 통해 글로벌 경쟁력을 강화할 수 있을 것이다.

참고문헌

김창현(2024). 제조업 AI 활용 전망. ≪기술과혁신≫, 464.

웰스 테크(2024). 제조기업에서 AI 기반 생산계획 솔루션을 도입해야 하는 이유. https://www.wellstek.com

Lee, J., et al.(2014). Big data analytics in manufacturing: The evolution from data to insights.

Lee, J., et al.(2016). The role of big data in smart manufacturing.

Mourtzis, D.(2020). Smart manufacturing: Concepts, systems, and applications.

Nahavandi, S.(2015). Artificial intelligence in manufacturing: Past, present and future.

Pham, D. & Pham, P.(2019). AI-driven smart manufacturing: Machine learning applications in predictive maintenance and quality control.

Zhang, Z. & Li J.(2018). Optimization of manufacturing processes with AI techniques.

06
예측 유지관리와 인공지능

코로나19 팬데믹과 러시아-우크라이나 전쟁 등으로 인해 공급망 차질과 경제 불확실성이 증가하는 와중, AI는 신속한 의사 결정 지원으로 변화에 빠르게 대응할 수 있는 해결책을 제공한다. 디지털 시대 고객의 기대가 높아지면서 긴급 주문에 신속한 대응이 필요해졌다. AI는 생산 최적화와 긴급 주문 대응에 효과적인 설루션이다. 이는 AI 기반 생산 최적화 도입이 제조기업에 필수인 이유를 뒷받침한다.

예측 유지관리

정의 및 목표

예측 유지관리는 장비의 상태를 모니터링하고 분석하여 고장이 발생하기 전에 미리 유지보수를 수행하는 접근 방법이다. 예측 유지관리의 목표는 장비의 고장이나 성능 저하를 예측하여 계획된 유지보수를 통해 시스템의 가용성을 극대화하고 운영 비용을 절감하고자 하는 것이며 장비의 수명 연장, 운영 효율성 증대, 예기치 않은 다운타임 최소화, 유지보수 비용 절감 등의 효과를 가져온다.

주요 기술 요소

예측 유지관리를 위해서는 센서, 사물인터넷(IoT) 장치 등을 통해 장비의 작동 상태, 온도, 진동, 압력, 소음 등의 데이터를 실시간으로 수집한다. 또, 수집된 데이터를 분석하여 장비의 상태를 평가하고, 고장 징후를 식별한다. 그리고 고장 패턴과 상태 변화를 예측하기 위해 통계적 모델과 기계 학습(머신 러닝) 모델을 사용하며 예측 결과를 바탕으로 적절한 유지보수 시점을 결정하고 계획한다.

인공지능과 예측 유지관리

AI의 역할

AI는 대량의 데이터를 빠르고 정확하게 분석할 수 있는 능력을 갖추고 있으며 기계 학습(머신 러닝) 알고리즘을 사용하여 데이터에서 패턴과 트렌드를 식별하고, 고장 예측 모델을 개발한다. AI는 다양한 예측 모델을 생성하여 장비의 고장을 사전에 예측한다. 이는 기존의 통계적 방법보다 높은 정확성을 제공한다. 또, AI는 데이터 분석 및 유지보수 계획을 자동화하여 운영 효율성을 높이고 인력의 부담을 줄인다.

주요 기술

예측 유지관리를 위한 주요 기술은 다음과 같다. 머신 러닝(Machine Learning) 기술은 데이터에서 학습하여 예측 모델을 생성하고, 장비의 상태를 분석하여 고장 가능성을 예측한다. 지도 학습(Supervised Learning) 기술은 레이블이 있는 데이터로 학습하여 고장 패턴을 인식하는 기술이다. 비지도 학습(Unsupervised Learning) 기술은 레이블이 없는 데이터에서 패턴을 찾아내고 이상을 탐지하는 기술이다. 또, 딥 러닝(Deep Learning) 기술은 복잡한 데이터 패턴을 학습하고 고급 예측 모델을 개발하며 특히 이미지 및 비정형 데이터 분석에서 강력한 성능을 발휘하는 기법이다. 시계열 분석(Time Series Analysis) 기술은 장비의 상태 데이터를 시간에 따라 분석하여 미래의 상태를 예측한다. 그리고 자연어 처리(Natural Language Processing) 기술은 유지보수 기록, 사용자 피드백 등의 비정형 데이터를 분석하여 추가적인 인사이트를 제공한다.

AI를 활용한 예측 유지관리 사례와 과제

지멘스(Siemens)의 마인드 스피어(Mind Sphere)는 클라우드 기반 IoT 운영 체제로, AI를 사용하여 장비의 상태를 분석하고 유지보수 예측을 제공하는 사례다. 또한, IBM의 맥시모(Maximo)는 AI를 통해 장비의 데이터를 분석하고 유지보수 요구 사항을 예측하는 사례다.

AI를 활용한 예측 유지관리의 향후 도전과 과제로는 고품질의 데이터 확보를 들 수 있다. 데이터 오류나 누락은 예측의 정확성을 저하할 수 있어 정확한 예측을 위해서는 고품질의 데이터가 필요하다. 또한, 복잡한 예측 모델을 개발하고 유지하는 데 필요한 기술적 전문성이 필요하며 기존 시스템과의 통합이 복잡할 수 있으므로 새로운 기술을 도입하기 위한 인프라 개선이 필요하다.

또 실시간 분석 강화가 필요하며 실시간 데이터 분석 및 즉각적인 유지보수 결정 지원이 필요하다. 그리고 AI 기반의 자율 시스템이 유지보수 작업을 자동으로 수행하는 방향으로 이루어져야 하며 다양한 센서와 데이터 소스의 통합을 통한 것보다 정확한 예측이 필요하다.

예측 유지관리 전략에 AI 활용 이점

예측적 유지관리 전략에 AI를 사용하면 장비 고장 및 예상치 못한 가동 중지 시간으로 인한 생산성 손실, 수리 비용, 고객사 납기 초과 및 기대치 미충족 등 공장에서 비용이 많이 드는 문제를 방지할 수 있다. 예측적 유지관리는 구형 기존 시스템을 사용하는 기업에서 흔히 볼 수 있는 장비를 고장 날 때까지 가동하여 큰 비용을 치르는 운영 방식에 비해 비용 효율적인 대안을 제시한다.

또 융통성 없고 고정된 단위로 유지관리가 수행되는 구식이자 노동집약적인 예방적 유지관리 방식과 달리 데이터 기반 접근 방식을 따르면 비용이 많이 드는 가동 중지 시간이 발생하기 전에 개입할 수 있다. 최근 공장 전체 물리적 장비(주로 생산 장비, 엔진, 기타 고액가치 자산)의 여러 고장 지점에서 운영 데이터를 수집한다. 예를 들어, 자동차 제조업체는 센서 데이터를 사용하여 과열되는 용접 상태를 모니터링할 수 있다. 분석은 기계의 작동 상태를 기반으로 향후 고장을 예측하는 데 사용되며, 임계치에 가까워지면 알림을 자동으로 실행한다.

AI 지원 예측적 유지관리 전략을 통한 조직의 업무 수행 방안

AI 지원 예측적 유지관리 전략을 통해 조직은 다음을 수행할 수 있다.

예측적 접근 방식을 채택하여 공장 가동 시간을 극대화한다. 센서 데이터가 잠재적 고장을 사전에 알려 주므로 더 효과적인 의사 결정을 내리고 신속하게 수리할 수 있다. 기계 고장이 운영에 미치는 영향을 최소화하기 위해 미리 계획하고, 생산 중단이 길어지는 사태를 막도록 사전에 유지관리 일정을 잡고, 기계를 점검하는 동안 작업을 다른 장비로 전환할 수 있다.

장비 고장 시점을 예측하여 운영 효율성을 향상한다. 효율적인 장비 가동은 생산 및 수익률의 핵심 동력이므로 기업은 설비 종합 효율(OEE, Overall Equipment Effectiveness)을 극대화하고, 주요 성과 지표(KPI)를 달성하며, 투자 수익률(ROI, return on investment)을 최적화할 수 있다.

과거 데이터를 사용하여 중요한 구성 요소의 마모를 예측함으로써 제품 품질 일관성을 달성한다. 이상 현상이 예측되면 유지관리를 신청하고 장비를 이상적인 매개변수 범위 내로 유지하여 결함률을 0에 가깝게 줄일 수 있다.

밀접한 관련 기술은 유사 인더스트리 4.0 기술인 AI 기반 기계 상태 모니터링이 있다. 디지털 트윈으로 운영 성과를 시뮬레이션하고, 치명적인 고장을 예고하는 이상 현상을 감지하고, 제품 결함을 감지하고, 컴퓨터 비전을 사용하여 작업자가 안전 규정 준수를 지키도록 모니터링할 수 있다. 이제 공장에서 지능형 감지를 활용할 때의 몇 가지 이점을 알았으니 구현 계획을 시작할 준비가 되었다. 다음은 성공적인 예측적 유지관리를 위한 AI 설루션을 구현하는 단계다.

예측 유지관리를 위한 AI 설루션 방안

예측 유지보수를 위한 AI 설루션을 구현하는 방안은 복잡하지만 체계적인 접근을 통해 성공적으로 실행할 수 있다. 다음은 AI 기반 예측 유지보수 설루션의 구현 과정과 관련된 주요 단계다.

요구 사항 분석 및 목표 설정

예측 유지보수를 통해 달성하고자 하는 비즈니스 목표를 명확히 정의해야 한다. 예를 들어, 장비의 가동 중단 시간을 줄이고, 유지보수 비용을 절감하거나, 장비의 수명을 연장하는 것과 같이 목표를 명확히 정의할 필요가 있다. 그리고 현재 유지보수 시스템의 문제점과 개선이 필요한 영역을 식별해야 한다.

예측 유지보수의 성공을 측정할 수 있는 KPI(핵심 성과 지표)를 설정해야 한다. 예를 들어, 고장 발생 빈도, 유지보수 비용 절감률, 장비 가용성 향상 등 성공 기준을 설정해야 한다.

데이터 수집 및 준비

장비의 상태를 모니터링하기 위해 필요한 센서와 IoT 장치를 설치해야 한다. 예를 들어, 진동 센서, 온도 센서, 압력 센서 등 센서와 IoT 장치가 설치되어 있어야 한다. 이러한 다양한 소스에서 데이터를 수집하고 데이터를 통합하여 일관된 데이터 세트를 만든다.

데이터 전처리 단계로 수집된 데이터를 정제하고, 결측값을 처리하며, 필요에 따라 데이터 변환 및 정규화를 수행하며 기계 학습(머신 러닝) 모델 학습을 위해 데이터를 라벨링하거나 범주화한다.

AI 모델 개발 및 학습

문제에 적합한 AI 모델 유형을 결정한다. 예를 들어, 고장 예측을 위한 시계열 분석 모델, 이상 탐지를 위한 클러스터링 모델, 회귀 분석 모델 등 모델 선택 단계를 추진한다. 데이터를 사용하여 AI 모델을 학습시키는데 이는 과거 데이터를 기반으로 장비의 고장 패턴을 학습하도록 하는 모델 학습 과정이다. 학습된 모델을 검증하는 단계로 데이터 세트를 사용하여 평가하고, 모델의 정확성을 확인한다. 다음은 모델 튜닝 단계로 모델의 하이퍼파라미터를 조정하여 성능을 최적화하는 단계이며 모델의 예측 오류를 분석하고, 필요한 개선점을 도출하는 단계다.

설루션 통합 및 배포

실시간 데이터 수집 및 모니터링이 가능하도록 AI 모델을 기존 시스템과 통합해야 한다. 사용자가 모델의 예측 결과를 쉽게 이해하고 활용할 수 있도록 대시보드 및 시각화 도구 등 인터페이스를 개발해야 한다. 작은 규모의 파일럿 프로젝트를 통해 설루션을 테스트하고, 초기 문제를 식별하고 파일럿 테스트를 성공적으로 완료한 후, 전사적으로 설루션을 배포해야 한다.

유지보수 및 개선

AI 모델의 예측 결과를 실시간으로 모니터링하고, 시스템의 성과를 실시간으로 평가해야 하며 KPI를 사용하여 예측 유지보수 시스템의 성능 지표 성과를 분석해야 한다.

새로운 데이터가 수집되면, 모델을 재학습시키고 업데이트해야 하며 성과 분석 결과에 따라 모델을 개선하고, 예측 정확성을 향상해야 한다. 사용자로부터 피드백을 수집하고, 이를 기반으로 지속적인 시스템을 개선해야 하고 최신 AI 기술과 알고리즘을 반영하여 시스템의 성능을 지속적으로 향상해야 한다.

교육 및 변화 관리

직원들에게 AI 설루션의 사용법과 유지보수 프로세스에 대한 기술 교육을 제공하고 데이터 분석 및 해석 방법에 대한 교육을 제공해야 한다. 그리고 변화 관리로 데이터 기반 의사 결정 문화를 조성하고, 변화에 대한 조직의 저항을 최소화하고 AI 설루션의 이점과 변화의 필요성을 조직 전반에 걸쳐 효과적으로 커뮤니케이션해야 한다.

AI 지원 예측 유지보수 설루션의 구현에는 체계적인 접근과 각 단계의 세심한 관리가 필요하다. 데이터 수집과 준비, AI 모델 개발, 시스템 통합 및 배포, 성과 모니터링과 개선, 직원 교육 및 변화 관리는 모두 성공적인 예측 유지보수 시스템 구축에 중요한 요소다. 이를 통해 조직은 장비의 효율성을 극대화하고, 운영 비용을 절감하며, 전반적인 생산성을 향상할 수 있다.

참고문헌

인텔(2024). 최적화된 예측적 유지관리로 가동 시간 극대화 및 운영 효율성 달성.

인더스트리 4.0용 인텔®솔루션(2024), 스마트 제조를 주도하는 인더스트리 4.0.

Lee, J., et al.(2014). Big data analytics in manufacturing: The evolution from data to insights.

Lee, J., et al.(2016). The role of big data in smart manufacturing.

Mourtzis, D.(2020). Smart nanufacturing: Concepts, systems, and applications.

Nahavandi, S.(2019). Artificial intelligence in manufacturing: Past, present and future.

Pham, D. & Pham, P.(2020). AI-driven smart manufacturing: Machine learning applications in predictive maintenance and quality control.

Zhang, Z. & Li J.(2018). Optimization of Manufacturing

Processes with AI Techniques.

07
품질 관리 및 결함 방지와 인공지능

AI를 활용한 품질 관리 서비스가 증가하고 있는 이유는 저출산 고령화로 인한 제조업 노동인구 감소와 일하는 방식 개혁을 통한 업무 효율화 추진, 딥러닝 AI 기술의 비약적인 진보 때문이다. 이러한 변화는 AI가 제조업 품질 관리에서 중요한 역할을 하게 만들었고, 기업들은 디지털 전환을 통해 설계부터 물류까지 모든 프로세스를 최적화하고 있다. AI를 활용한 품질 관리의 장점과 사례를 통해 AI가 품질 관리에 어떻게 중요한 역할을 하는지 그리고 도입 시 고려해야 할 사항이 무엇인지를 명확히 이해할 수 있다.

인공지능을 활용한 품질 관리

AI를 활용한 품질 관리 서비스가 증가하고 있다. 요인은 저출산 고령화로 인한 제조업 노동인구 감소와 일하는 방식 개혁을 통한 업무 효율화 추진, 딥러닝 AI 기술의 비약적인 진보 등으로 정리된다. 'AI를 활용한 품질 관리로 비용 절감을 할 수 있는가? AI의 품질 관리는 어떤 것까지 할 수 있는가?' 등 의문을 가지고 있는 분도 많을 것이다. AI를 사용한 품질 관리의 개요와 장점을 설명하고, 몇 가지 사례를 들면서 품질 관리할 수 있는 방법과 도입 시 유의점에 대해서도 알아보고자 한다. 품질 관리란 제품을 생산할 때 일정한 기준의 품질을 유지하고 있는지 검증하고 보증하는 것을 의미한다.

최근 생산 현장에 디지털 전환(DX, Digital Transformation)을 추진하고 있는 기업이 증가하고 있는데 단순히 IT 기술을 도입하여 생산성 향상만을 위한 노력을 하는 것이 아니라 설계부터 물류까지의 모든 프로세스를 최적화하여 시장에서의 경쟁력을 갖추는 것이 중요하다.

과거의 품질 검사는 작업자의 눈에 의지하는 목시 검사가 일반적이었는데 대응할 수 있는 범위가 넓지 않았고 검사의 정확성이 문제였다. 이제 AI 딥 러닝을 활용한 기술 진보로 정밀도와 효율성이 고도화되고 있다. 외관 검사는 이미지 인식 기술을 활용하여 불량품이나 오류를 미리 탐색하는 품질 관리가 중심이 되고 있다.

AI를 활용하는 품질 관리의 일환인 '품질 검사', '제조 공정', '품질 개선'의 세 가지 사례에 대해 각각의 포인트를 알아본다.

품질 검사

품질 검사는 제품이 요건을 충족하고 있는지, 공정 능력이나 관리 상태는 어떠한지 체크하는 업무다. 제품을 생산할 때 고객이 요구하는 요건을 맞추는 것은 필수 조건으로 품질 관리의 핵심 프로세스이기 때문에 매우 중요하다.

한편 공정 능력 평가는 제품의 품질 검사가 정확하게 실시되고 있는지, 관리 상태 체크나 공정 관리가 적절하게 실시되고 있는지를 검사한다.

제조 공정 검사

제조 공정 검사 단계에서는 작업 매뉴얼화, 작업 교육 및 훈련 체제, 필요 설비 상태, 제조 및 검사 프로세스가 최적화되어 있는지 등을 체크한다.

업무 흐름을 매뉴얼화하여 원활하고 효율적인 제품 개발이 진행될 수 있도록 제조 흐름을 최적화하여 잠재적 불량 발생 원인을 사전에 방지한다.

품질 개선

품질 개선은 제품 불량의 재발 방지책을 검토하는 업무다. 불량 발생 가능성도 고려하여 실시한다. 또한, 고객의 요구를 반영해 제품을 개선하거나 편리성 향상을 목표로 세워 활동하는 것이 일반적이다.

인공지능을 활용한 품질 관리의 이점

노동력 부족 현상 지원

지금 저출산 고령화가 진행되고 있어 특히 제조업에서 일손 부족 문제가 대두되고 있다. 한편, 제품의 제조 프로세스는 점점 복잡해지고 고객 요구 사항은 다양해지고 있어 품질 문제 발생 가능성 또한 높아지고 있다. 이러한 상황에서 AI를 활용한 품질 관리로 일정한 품질을 유지하면서 업무 효율성을 높일 수 있다.

인적 오류(휴먼 에러) 축소

사람이 직접 관련된 작업은 피로나 집중력 저하 등 다양한 원인으로 인적 오류가 발생하기 마련이다. 예를 들어 품질 검사를 사람이 할 경우 결함이 있는데도 발견하지 못해 통과하는 등의 문제점이 발생할 수 있다. 사람에게는 실수나 오류가 따르기 마련이고 사람은 휴식 없이 계속 일할 수도 없다. AI를 활용하여 사람의 약점을 보완하고 또, 항상 일정한 정밀도로 품질 관리를 실시할 수 있다. 정형화가 가능한 업무나 작업이라면 사람이 하는 것보다 정확하고 빠르게 진행할 수 있다.

고난도 판별, 고정도, 일관성 유지

기술의 발전으로 사람이 판별하기 어려운 검사 작업에서 AI는 미묘한 판별까지 할 수 있게 되었다. 특히 딥 러닝을 활용한 AI 모델이 비약적인 발전을 이루고 있다. 영상 이미지 인식이나 데이터 분석으로 이상 상황을 신속히 검출함으로써, 문제 발생을 방지할 수 있게 되었다. 최근에는 이미지 인식뿐만 아니라 기기의 소리를 활용한 이상 상황 탐지도 활용되고 있다.

또한, 사람의 판단은 아무래도 편차가 발생하여 기준에 따라 일관성 있게 판별하기 어려워진다. 검사의 자동화는 고밀도 정확성 측정으로 일관된 판단을 내릴 수 있는 것이 큰 장점이다. 편차 없는 일관된 판단을 유지하기 위해 여러 개의 센서를 이용하여 데이터를 통합 판단하는 센서 퓨전이 사용되고 있다.

품질 관리에 인공지능을 활용한 사례

자동차, 전기·전자 업계

자동차 프레스 공장에서는 부품 품질 관리에 AI를 활용하여 프레스 부품의 균열 검사를 하고 있다. 과거에는 검사 요원이 먼저 목시 검사를 한 후 이미지 인식 기술을 활용한 내시경으로 촬영한 영상을 체크하는 2단계 검사로 양품 판정을 했다.

그러나 두 번에 걸친 검사는 시간과 검사 공수가 크고, 빛을 투사하는 각도에 따라 잘못된 판정을 하는 경우도 있어 품질 관리에 문제가 있었다. 대안으로 AI에 의한 이미지 인식으로 균열을 자동 탐지하는 시스템을 도입하여 몇 초 만에 검사가 가능해졌다. 개발팀에서 샘플로 대량의 균열 데이터를 학습시키는 데 시간과 노력이 필요했지만 목표 이상의 효율화를 이루어 냈다.

식품 음료 업계

식료품 제조 현장의 품질 관리에서 AI는 주로 두 가지 용도로 사용되고 있다.

하나는 식품 제조 및 수산 가공 분야의 외관 검사에 도입되어 불량품을 식별하는 것이다. 원재료나 가공품의 상태를 확인함으로써 불량품이나 이물질 혼입을 방지할 수 있다. 주로 이미지 인식으로 불량품이나 이물질 샘플을 학습시킨 모델을 이용하여 이상 제품을 찾아낸다.

또한, 생산 계획 입안에도 품질 관리 AI가 활용되고 있다. 식료품이나 음료품은 계절이나 소비자 동향에 따라 크게 영향을 받아 매출에 영향을 주기 때문에 유연한 생산 계획 입안이 필요한 업종이다. 이전에는 경험이 많은 숙련된 직원이 생산 계획을 세우고 변경하였다. 문제는 경험이 있는 직원 외에는 생산 계획을 세우기 어렵거나 전체 최적화되지 않는 일이 종종 발생하였다. 개선 대책으로 결품이나 과잉 재고 상황을 AI로 자동 계산하여 여러 변동 요인에 더 최적화된 생산 계획을 입안, 변경할 수 있는 시스템을 도입했다. 이를 통해 생산 계획에 소요되는 시간을 대폭 줄일 수 있었다.

철도, 전력 업계

철도와 고속도로의 교통망, 전력 · 가스 · 수도 등 사회 인프라의 정기 점검은 사람들이 안전하게 생활하기 위해 필수적으로 해야 할 일이다. 특히 고도 경제성장 시기에 건설된 도로와 터널, 다리 등은 많은 곳이 노후화되어 그 어느 때보다 점검의 필요성이 높아지고 있다. 하지만 노동 인구의 감소나 인력 부족으로 사람이 점검하기는 점점 어려워지고 있다.

철강업계

포스코ICT가 포스코의 품질 공정에 AI 설루션을 적용한 사례가 있다. 포스코에서 구축한 AI 설루션 시스템은 카메라 시스템를 이용해 이미지 정보를 얻고 기계학습을 통해 이미지를 분류하는 모델이고 그런 모델을 품질 평가에 활용한 사례다.

IoT와 AI를 활용한 점검으로 기존에 사람이 눈으로 점검하기 어려웠던 균열이나 누수 등을 탐지할 수도 있었다. 학습할 수 있는 데이터가 갖추어져 있거나 모델을 잘 적용할 수 있다면 육안 점검보다 압도적인 속도와 고정밀도로 인프라 점검 업무를 할 수 있다.

인공지능 품질 관리 도입 시 주의점

과다한 비용

AI 도입 시 때에 따라서 큰 비용이 발생할 수도 있다. 실제 비용 대비 효과 시뮬레이션을 하여 AI 도입 비용보다 이익이 높다면 도입을 적극적으로 검토해 보는 것이 좋다고 생각한다.

대량의 학습 데이터 필요

AI는 대량의 인풋인 학습 데이터가 필요하다. 고정밀 품질 관리를 위해서는 대량의 학습 데이터가 필요하다. AI를 도입하는 목적을 명확히 하고 필요한 대량의 데이터를 수집해야 함을 인지하고 있어야 한다.

유연성이 요구되는 업무는 자동화하기 어려움

모든 업무를 자동화하여 AI가 대신할 수 있는 것은 아니다. 유연성이 요구되는 업무는 대체로 표준화하기 어렵고 AI가 품질 관리를 실시한다고 해도 최종 판단은 아직 사람이 해야 하는 경우가 대부분이다.

참고문헌

Hoffmann & Reich(2023). A Systematic Literature Review on

Artificial Intelligence and Explainable Artificial Intelligence for Visual Quality Assurance in Manufacturing.

Mahmoudi(2024). Survey on AI Applications for Product Quality Control and Predictive Maintenance in Industry 4.0.

POSCO ICT(2021.12.8). 기술 컨퍼런스: AI 빅데이터 등 솔루션 및 기술 공유. 인더스트리 뉴스.

08
설비 고장 예측 및 이상 현상 탐지와 인공지능

AI 기반 예측 유지관리 및 이상 징후 감지는 제조, 에너지, 운송과 같은 산업에서 점점 더 중요해지고 있다. 가동 중지 시간이나 안전 위험이 발생하기 전에 장비 고장을 예측하고 문제를 해결해야 하는 것은 일반적인 관심사가 되었으며 지속적인 수요가 증가하고 있다. IoT와 AI의 통합을 통해 다양한 센서(예: 온도, 진동, 소리)에서 대규모 데이터 세트를 지속적으로 수집하고 분석하였으며 이러한 데이터는 장비 고장 및 이상 현상 이전의 패턴을 식별하는 데 중요한 요소가 되었다.

인공지능으로 설비 고장 예측 및 이상 현상 탐지

인공지능(AI)을 활용한 설비 고장 예측 및 이상 현상 탐지는 제조업, 에너지, 교통 등 다양한 산업에서 중요한 역할을 하고 있다. 이러한 기술은 데이터 분석과 기계 학습을 통해 설비의 상태를 모니터링하고 장래의 고장을 예측하여 생산성 향상, 유지보수 비용 절감, 안전성 증진 등의 이점을 제공한다. 설비나 기계의 고장 전에 그 전조 현상을 알고 싶다는 요청이 산업 분야의 다양한 업종에서 나타나고 있다.

과거에는 숙련자의 경험이나 느낌에 의존하는 경향이 있었지만, 지금은 인공지능에 의한 고장 예측과 이상 현상 탐지에 관심이 쏠리고 있다.

센서 등 다양한 데이터로부터 고장의 전조 현상을 탐지하는 방법에 인공지능을 활용함으로써 객관적인 데이터를 바탕으로 높은 정확도의 고장 예측과 이상 현상 탐지가 가능할 것으로 기대되고 있다. 설비 고장을 어떻게 예측할 수 있는지 구체적으로 어떻게 도입할지, 해결 과제 등 궁금증을 아래에 설명하고자 한다.

고장 예측과 이상 현상 탐지

고장 예측(이상 현상 탐지)은 설비나 기계의 이상 현상의 전조를 파악해, 고장 나기 전에 대처할 수 있도록 하는 체계적인 접근법이다. 이상이 발생하고 나서가 아니라, 미리 전조 현상을 탐지하여 제조 라인의 생산 설비가 정지되는 시간을 최소화하는 일이다.

경험이 많은 베테랑 직원이 "뭔가 이상한데", "이제 슬슬 고장 날 것 같다" 하는 식으로 과거의 경험과 감으로 느끼는 고장의 전조 현상 파악은 판단 기준이 불명확하고 주관적이어서 젊은 직원들이 스킬과 노하우를 계승한다 해도 고장의 사전 대책이 체계적으로 사내에 정착되지 않는다.

이러한 문제 해결책으로 데이터 분석을 이용해 고장을 예측하고 이상 현상을 사전에 파악할 수 있는 기법이 등장했다. 이로써 사람의 주관적인 판단을 배제하고 일정 기준에 따라 고장과 이상 현상을 예측할 수 있게 되었고 지금 그 활용이 진행되고 있다.

고장 예측 및 이상 현상 탐지 기법

고장 예측과 이상 현상 탐지에 많이 이용되는 데이터 분석의 기법으로는 다른 데이터들과 현저하게 괴리된 돌출 데이터를 검출하는 방법이 있으며 시계열적 데이터에서 급격하게 패턴이 변화하는 타이밍을 감안한 변곡

점 검출 방법이 있다. 또 시계열적으로 데이터 표준치에서 벗어난 값을 이상 부위로 검출하는 방법이 있다.

위 데이터 검출 방법 모두 "일상적인 평소와 다른 데이터"를 검출하는 기법으로, 어떤 상태를 '정상'으로 어떤 상태를 '벗어났다, 변화했다'라고 규정할지 사람이 분석하고 판단할 경우 한계가 있지만, 인공지능을 활용한 데이터 분석은 높은 정확도를 보인다.

인공지능에 의한 설비 고장 예측 및 이상 현상 탐지

인공지능으로 다양한 데이터를 분석, 고장으로 이어지는 패턴이나 추이를 도출해, 그것을 기초로 고장을 예측하고 이상 현상을 조기에 찾아낼 수 있다. 인공지능을 활용하려면 많은 양의 데이터가 필요한데 IoT가 보급되면서 데이터를 대량으로 상세하게 확보하는 것이 가능해졌다. 온도, 습도, 진동, 소리 등 다양한 센서로부터 수집되는 방대한 데이터를 분석함으로써 보다 정밀하게 고장을 예측하고 이상 현상을 파악할 수 있게 되었다.

인공지능을 이용한 고장 예측 주요 기법

인공지능은 오류 예측을 위한 몇 가지 강력한 기술을 제공하여 기업과 산업이 비용이 많이 드는 시스템 고장을 사전에 관리하고 예방할 수 있도록 한다. 이러한 기술은 지도 학습, 비지도 학습, 준지도 학습 방법으로 크게 분류할 수 있으며, 각 방법은 데이터 가용성 및 특정 애플리케이션 요구 사항에 따라 다양한 측면의 오류 예측을 제공한다. 고장 예측에 사용되는 주요 AI 기술은 다음과 같다.

지도 학습

회귀 모델은 고장까지 걸리는 시간이나 기계의 남은 수명과 같은 지속적인 결과를 예측한다. 분류 모델은 주어진 시간 내에 기계가 고장 날지와 같은 개별 결과를 예측하는 데 사용된다. 일반적인 알고리즘에는 의사 결정 트리, 지원 벡터 머신 및 신경망이 포함된다. 딥 러닝 기법으로 LSTM(장단기 기억) 네트워크를 포함한 CNN(Convolutional Neural Networks) 및 RNN(Recurrent Neural Networks)과 같은 것보다 복잡한 신경 네트워크는 특히 시간과 같은 순차 데이터를 처리하는 데 매우 효과적인 기법이다.

비지도 학습

클러스터링(예: k-평균, DBSCAN) 및 차원 축소(예:

PCA, 자동 인코더)와 같은 기술은 잠재적인 오류를 나타낼 수 있는 표준에서 크게 벗어나는 데이터 포인트를 식별하는 데 도움이 된다.

자기 조직화 지도(SOM, Self Organizing Map: 대뇌피질의 시각피질의 학습 과정을 모델화한 인공신경망으로 자율 학습에 의한 클러스터링을 수행하는 알고리즘) 기술은 복잡한 데이터를 시각화하고 오류를 나타내는 이상 현상과 패턴을 감지하는 데 사용된다.

반지도 학습

소량의 오류 데이터에만 레이블이 지정되는 시나리오에서는 준지도 기법을 통해 레이블이 지정되지 않은 대량의 데이터를 활용하여 예측 모델을 개선할 수 있다. 여기에는 라벨 전파와 같은 기술이나 감독되지 않은 방법과 감독된 방법의 조합이 사용된다.

강화 학습

고장 예측에서는 흔하지 않지만 강화 학습을 사용하여 의사 결정 프로세스에 도움이 되는 정책을 개발할 수 있다. 예를 들면 예측 고장률을 기반으로 유지관리 일정을 결정하는 것이다.

하이브리드 모델

다양한 AI 기술을 결합하면 정확도와 견고성이 향상될 수 있다. 예를 들어, 딥 러닝을 기존 통계 방법과 통합하면 모델의 예측 기능이 향상할 수 있다.

특성 엔지니어링 및 추출

도메인 지식을 활용하여 실패 패턴에 큰 영향을 미치는 새로운 기능을 선택하는 것은 기계 학습 모델의 성능 향상에 매우 중요하다.

시계열 예측

시계열 데이터 분석 모델(ARIMA, Autoregressive Integrated Moving Average Model), 계절적 시계열 데이터 분석(Seasonal ARIMA) 모델, LSTM(Long Short-Term Memory: 자연어 처리, 음성 인식, 이미지 분류 등에서 중요한 역할 하는 모델)과 같은 것보다 정교한 신경망 접근 방식은 과거 데이터를 기반으로 미래값을 예측하는 데 사용되며, 이는 오류가 언제 발생할지 예측하는 데 중요하다. AI 예측의 정확성은 수집된 데이터의 품질과 세분성에 크게 좌우된다. 또 실시간 모니터링 시스템에 이러한 기술을 구현하면 오류가 발생하기 전에 적시에 개입할 수 있어 비용이 절감되고 안전성이 향상된다.

AI를 활용할 때 특히 의료와 같은 산업에서는 데이터 개인정보 보호 및 AI의 윤리적 사용에 대한 고려가 가장 중요하다.

제조, 의료, 자동차, 에너지 등의 산업에서는 이러한 AI 기술을 배포함으로써 고장을 예측할 수 있을 뿐만 아니라 장비의 수명을 연장하고 안전성을 향상하며 유지관리 일정을 최적화할 수 있다.

인공지능을 이용한 고장 예측의 주요 과제

인공지능을 활용한 고장 예측은 기계부터 소프트웨어 애플리케이션까지 다양한 시스템의 잠재적인 고장을 선제하고 관리하는 강력한 접근 방식이다. 그러나 상당한 잠재력에도 불구하고 오류 예측을 위해 AI를 구현하려면 효율성과 운영 통합에 영향을 미칠 수 있는 다양한 과제가 수반된다.

데이터 관련 과제

AI 모델을 효과적으로 훈련하려면 대량의 고품질을 대표하는 데이터가 필요하다. 많은 경우 데이터가 불완전하거나, 잡음이 많거나, 일관성이 없을 수 있으며, 이는 예측의 정확성에 심각한 영향을 미칠 수 있다.

실패 데이터 부족도 있다. 실패 이벤트는 일반적으로 드물기 때문에 모델을 효과적으로 교육하기에는 이러한 이벤트에 대한 데이터가 부족한 경우가 많다. 이에 따라 드물지만 중요한 이벤트를 예측하는 데 최적화되지 않은 모델이 발생할 수 있다.

지도 학습에서는 모델을 학습시키려면 데이터에 정확하게 라벨을 지정해야 한다. 라벨링은 시간과 비용이 많이 들 수 있으며, 특히 데이터를 해석하는 데 전문 지식이 필요한 복잡한 시스템의 경우 더욱 그렇다.

모델링 과제

정확하고 계산적으로 효율적인 모델을 개발하는 것은 어렵다. 더 복잡한 모델은 더 나은 정확도를 제공할 수 있지만 해석하기가 더 어렵고 더 많은 계산 자원이 필요할 수 있다.

AI 모델이 훈련 데이터에 과적합하여 정확한 예측에 필요한 기본 패턴이 아닌 노이즈를 캡처할 위험이 있다. 이에 따라 모델을 실제 시나리오에 적용할 때 성능이 저하된다.

많은 시스템이 시간이 지남에 따라 발전하므로 이전

에 학습된 모델이 더 이상 쓸모없게 될 수 있다. AI 모델을 최신 상태로 유지하고 관련성을 유지하려면 지속적인 재교육과 미세 조정이 필요하다.

통합 과제

AI 도구를 기존 시스템에 통합하는 것은 과정이 복잡하고 비용이 많이 들 수 있다. IT 인프라의 대대적인 변화와 새로운 기술의 채택이 필요한 경우도 많다. 관계자들은 AI 예측의 영향을 받는 새로운 워크플로와 의사 결정 프로세스에 적응해야 한다. 이러한 변화 관리는 특히 관행이 확립된 산업에서는 어려울 수 있다.

윤리적 및 규제적 과제

AI 예측을 기반으로 내린 결정에 대한 책임성을 판단하는 것은 어려울 수 있으며, 특히 이러한 결정이 재정 또는 안전에 상당한 영향을 미칠 경우 더욱 그렇다.

개인정보나 보안과 관련한 민감한 데이터를 처리하는 AI 시스템은 사용할 수 있는 데이터 유형을 제한하고 처리 방법을 제한할 수 있는 데이터 보호 규정을 준수해야 한다. 그리고 AI 모델은 훈련 데이터에 존재하는 편향을 실수로 학습하고 영속시켜 불공평하거나 비윤리적인 결과를 초래할 수 있다.

비용 문제

오류 예측을 위한 AI 시스템을 설정하는 데는 비용이 많이 들 수 있으며 기술과 숙련된 인력 모두에 대한 투자가 필요하다.

인공지능을 이용한 고장 예측 시스템 도입 시 주요 포인트

AI 기반 고장 예측 시스템은 다양한 기계 학습(머신 러닝) 알고리즘과 데이터 분석 기법을 활용해 장비나 공정 성능을 실시간으로 모니터링한다. 그리고 센서, 로그, 작동 이력에서 수집된 데이터를 분석하여 장애 이전의 패턴이나 이상 현상을 감지하는 방법을 학습한다.

이러한 시스템의 핵심은 센서, 로그, 데이터베이스 등 다양한 소스에서 실시간 데이터를 수집하여 데이터가 분석에 적합한지 확인하기 위해 데이터를 정리하고 정규화하는 것이다. 또 과거 데이터를 사용하여 정상 작동을 이해하고 편차를 인식할 수 있는 예측 모델을 교육하는 것이다. 그리고 잠재적인 문제를 나타낼 수 있는 표준에서 벗어나는 패턴을 식별하고 훈련된 모델을 사용하여 잠재적인 오류가 발생하기 전에 예측하는 것이다.

AI 기반 고장 예측 시스템의 핵심 포인트

이러한 시스템은 예측 유지관리 전략의 초석으로서 기업이 필요할 때만 유지관리를 수행할 수 있도록 하여 유지관리 일정을 최적화하고 가동 중지 시간을 줄인다. 오류가 발생하기 전에 예측함으로써 회사는 계획되지 않은 가동 중지 시간 및 치명적인 오류와 관련된 높은 비용을 피할 수 있다. 또 항공 및 의료와 같은 중요한 부문에서 고장을 예측하면 사고를 예방하고 필수 기계의 안정적인 작동을 보장하여 안전성을 크게 향상할 수 있다. AI 시스템은 자산 상태와 성능에 대한 자세한 통찰력을 제공하여 조직이 자산 관리 및 투자에 대해 정보에 입각한 결정을 내릴 수 있도록 지원한다. 최신 AI 알고리즘은 설비의 고장 예측 시스템에 적응할 수 있으며 모니터링하는 시스템의 크기와 복잡성에 따라 확장할 수 있으므로 소규모 작업과 대규모 산업 환경 모두에 적합하다. 이러한 시스템은 더 많은 데이터에 노출되므로 지속적인 학습 및 개선 활동이 필요하다.

참고문헌

Alavi, M. A. H., et al.(2020). Industrial IoT: Challenges, Design Principles, Applications, and Security.

Ali, M. M. & Ratnayake, A. G. B. R.(2021). Machine Learning for Asset Management.

Chen, Y. D. Q., et al.(2021). Predictive Maintenance Using Machine Learning: A Case Study of Aircraft Engine.

David, J. R.(2018). Predictive Maintenance of Pumps Using Condition Monitoring.

Forbes(2023). How AI is Transforming Predictive Maintenance.

IBM(2020). Predictive Maintenance: An Emerging Trend in Industrial IoT.

Martinez, A. D. A. D. G. L. & Kuosmanen, T. J.(2020), A Survey on Predictive Maintenance for the Industrial Internet of Things.

McKinsey & Company(2021). AI-Driven Predictive Maintenance: How to Implement and Scale.

Omar, F. T. & Thomson, H. L. R.(2022). Anomaly Detection Techniques for Industrial Equipment using Machine Learning.

Siemens. Case Studies in Predictive Maintenance. https://jpn.nec.com/solution/dotdata/tips/failure-prediction/index.html?

09
에너지 효율화를 위한 스마트 공장 구축과 인공지능

IoT와 AI의 기술 발전이 EMS 도입을 촉진하고 있으며, 실시간 모니터링과 예측 능력이 향상되고 있다. 에너지 효율성을 높이고 환경에 미치는 영향을 줄이기 위해 EMS의 필요성과 지속 가능성이 커지고 있다. EMS는 운영 비용을 절감하고, 규정 준수 및 인증을 통해 경쟁력을 확보할 수 있는 경제적 이점을 가지고 있다. 다양한 산업과 소상공인들에게 EMS 도입이 확대되고 있으며, 이는 에너지 관리의 중요성을 반영한 상황이다.

국내외 에너지 관리 시스템 도입 현황

에너지 관리 시스템(EMS, Energy Management System) 도입 현황은 경제적 우선순위, 기술 역량, 규제 환경, 에너지 효율에 대한 인식 수준 등의 차이로 국가별로 다양하다. 다음은 국내외 EMS 도입에 대한 최근 동향과 발전에 대한 개요다.

국내 EMS 도입 동향

에너지 효율성을 높이고 운영 비용을 절감하며 환경 규정을 준수하기 위해 EMS를 도입하는 산업이 점점 늘어나고 있다. 제조, 화학 처리, 식품 가공과 같은 산업이 주요 도입 업체이며 국내 산업 전반에 걸쳐 도입이 증가하고 있다. 소상공인 분야에서는 건물의 에너지 소비를 관리하고 지속 가능성 관행을 개선하며 비용 절감을 달성하기 위해 EMS를 구현하고 있으며 여기에는 사무실 건물, 소매 체인 및 상업용 부동산이 포함된다.

기술 발전

에너지 사용량을 실시간으로 모니터링하고 제어하기 위해 사물인터넷(IoT) 장치를 사용하는 것이 점점 더 보편화하고 있으며 상세한 데이터 수집 및 분석이 가능하도록 스마트 미터, 센서 및 연결된 시스템이 IoT 통합 시스템과 연결되고 있다. 또 에너지 관리 최적화, 사용 패턴 예측, 에너지 절약 작업 자동화를 위해 AI 기반 분석이 점점 더 많이 사용되고 있으며 기계 학습 알고리즘으로 예측 및 이상 탐지의 정확성이 향상되고 있다. 그리고 많은 EMS 설루션(solution)이 클라우드 기반 플랫폼으로 전환하여 더 뛰어난 확장성, 원격 액세스 및 다른 엔터프라이즈 시스템과의 통합을 제공하고 있다.

규제 및 정책 개발

국내에서는 정부 주도로 인센티브, 보조금, 규제를 통해 EMS 도입을 촉진하고 있으며 여기에는 에너지 효율적인 기술에 대한 지원, 세금 공제, EMS 구현을 위한 보조금이 포함된다. 에너지 관리 효율화를 위해 ISO 50001과 같은 국제 표준 채택이 증가하고 있으며 이러한 표준은 조직이 모범 사례를 구현하고 에너지 효율성에 대한 의지를 입증하는 데 도움이 된다.

과제와 장벽

높은 초기 투자 비용과 EMS 구현의 복잡성은 중소기업(SME)에 장벽이 될 수 있다. EMS를 기존 시스템 및 프로세스와 통합하는 것은 어려울 수 있으며, 특히 오래된 인프라의 경우 더욱 그러하다. 또 에너지관리 시스템에 대한 인식과 전문성의 부족은 특히 기술 자원이 제한된 분야나 지역에서 에너지 관리시스템 도입에 저해 요소가 될 수 있다.

EMS 도입 국외 사례

미국

미국에는 에너지 스타(Energy Star) 프로그램 및 다양한 유틸리티 지원 인센티브를 포함하여 에너지 효율성 및 EMS 채택을 촉진하는 여러 연방 및 주 차원의 프로그램이 있다. 대기업은 종종 기업 지속 가능성 목표와 규제 요구 사항에 따라 포괄적인 EMS 구현을 주도한다.

유럽연합

유럽연합(EU)은 에너지 효율 지침(EED, European Endowment for Democracy) 및 EU 그린 거래와 같은 엄격한 에너지 효율성 지침을 보유하고 있어 회원국 전체에서 EMS 도입을 촉진하고 있다. 또 유럽 국가는 첨단 EMS 기술을 개발하고 이를 재생 에너지원과 통합하는 데 앞장서고 있다.

중국

중국 정부는 광범위한 환경 보존 및 에너지 관리 목표의 일환으로 정책과 보조금을 통해 에너지 효율성을 적극적으로 장려하고 있으며 대규모 도시 개발 및 산업 프로젝트에서는 에너지 사용을 더욱 효과적으로 관리하고 배출량을 줄이기 위해 EMS를 통합하고 있다.

인도

인도는 PAT(Perform, Achieve, and Trade) 제도 및 표준 및 라벨링 프로그램과 같은 이니셔티브를 통해 산업 부문 전반에 걸쳐 에너지 효율성을 개선하는 데 중점을 두고 있으며 EMS 도입을 늘리고 있다. 하지만 광범위한 EMS 구현을 가속하려면 비용 및 인프라와 같은 문제를 해결해야 한다.

미래 방향과 새로운 트렌드

재생 에너지와의 통합 강화

EMS는 에너지 사용 및 저장을 최적화하기 위해 태양열, 풍력 등 재생 가능 에너지원과 점점 더 통합되고 있다. EMS를 보완하고 간헐적인 재생 가능 에너지원을 관리하기 위한 고급 에너지 저장 설루션 시스템 개발이 시급한 상황이다.

디지털 혁신

빅 데이터와 같은 고급 분석 기법을 사용하여 에너지 소비 패턴에 대한 심층적인 통찰력을 얻고 의사 결정을 개선해야 한다. 또 투명하고 안전한 에너지 거래 및 데이터 공유를 위한 지속적인 블록체인 기술 개발이 필요하다.

지속 가능성에 중점

EMS는 글로벌 지속 가능성 목표 및 기업의 사회적 책임 이니셔티브에 맞춰 탄소 발생 요인을 추적하고 줄이는 데 사용되고 있다. 이를 위해 순환 경제 관행과 통합하여 자원 효율성을 높이고 낭비 요소를 최소화해야 한다. 에너지 관리 시스템의 도입은 지속적인 기술 혁신과 증가하는 규제 지원으로 인해 전 세계적으로 발전하고 있다. 특히 초기 비용 및 통합과 관련된 과제는 여전히 남아 있지만 비용 절감, 효율성 및 지속 가능성 측면에서 EMS의 이점은 점점 더 광범위하게 인식되고 있다. 기술이 계속 발전하고 인식이 높아짐에 따라 EMS 도입이 증가하여 다양한 분야에서 더 효율적이고 지속 가능한 에너지 사용 효율화에 기여할 것으로 예상된다.

에너지 관리 시스템 설루션 선택 아닌 필수

에너지 관리 시스템 설루션은 조직과 개인이 에너지 사용을 최적화하고 비용을 절감하며 환경에 미치는 영향을 최소화하는 데 도움이 되므로 전 세계에서 필수적으로 갖춰야 한다. 그 중요성을 강조하는 몇 가지 주요 측면은 다음과 같다.

비용 절감

조직은 에너지 소비를 분석하고 최적화함으로써 비효율성을 식별하고 낭비를 줄일 수 있으며 이는 종종 에너지 부분에서 상당한 비용 절감으로 이어진다. 일부 설루션은 최대 수요 기간을 관리하는 데 도움이 되어 수요가 많은 전기 요금과 관련된 비용을 낮출 수 있다.

환경적 영향

효율적인 에너지 사용은 온실가스 배출을 줄이는 것을 의미하며 에너지 관리 시스템 설루션을 구현하면 환경에 미치는 영향을 줄이고 지속 가능성 목표 달성에 기여할 수 있다. 이러한 설루션에는 재생 에너지원을 통합하기 위한 구성 요소가 포함되는 경우가 많아 화석 연료에 대한 의존도를 더욱 낮출 수 있다.

규정 준수 및 보고 및 인증

많은 지역에는 에너지 효율 및 배출에 대한 규정과 표준이 있으며 에너지 관리 시스템 설루션은 이러한 규정을 준수하고 잠재적인 벌금과 처벌을 피하는 데 도움이 된다. 또 다양한 인증(예: LEED, ISO 50001)에 필요한 보고서 생성을 지원하고 이해관계자에게 규정 준수를 입증할 수 있다.

운영 효율성

고급 설루션은 에너지 사용에 대한 실시간 데이터 및 분석을 제공하므로 비효율성을 빠르게 식별하고 수정할 수 있으며 이러한 시스템은 에너지 소비 패턴을 모니터링하여 장비 유지관리가 필요한 시기를 예측하고 고장을 방지하며 장비 수명을 연장할 수 있다. 에너지 관리 시스템 설루션은 에너지 시스템에 대한 중앙 집중식 제어를 제공하므로 다양한 시설이나 부서에서 에너지 사용을 더 쉽게 관리하고 최적화할 수 있다. 또 에너지 소비 패턴에 대한 자세한 통찰력을 제공하여 더 나은 의사 결정과 전략 계획 수립을 가능하게 한다.

사용자 참여 및 행동 변화

많은 설루션에는 에너지 사용에 대한 인식을 높이고 에너지 절약으로 이어지는 행동 변화를 장려하는 대시보드 및 알림과 같은 사용자 참여를 유도하는 기능이 포함되어 있으며 여기에는 직원에게 에너지 효율성 모범 사례를 교육하기 위한 도구와 자원이 포함되는 경우가 많다. 조직은 에너지 사용을 최적화하고 재생 가능 에너지원을 통합함으로써 에너지 가격 변동의 영향을 완화할 수 있으며 효과적인 시스템 관리는 에너지 공급의 신뢰성을 향상해 정전 및 에너지 공급 중단 위험을 줄일 수도 있다. 그리고 최첨단 에너지 관리 기술을 구현하면 지속 가능성과 효율성에 대한 의지를 보여 줌으로써 경쟁 우위를 점할 수 있다. 에너지 관리 시스템 설루션은 미래의 에너지 과제와 기술 발전에 대비하여 조직에 예측된 사항을 준비하게 한다. 에너지 관리 시스템 설루션은 비용 관리, 환경 관리, 규정 준수 및 운영 우수성을 위해 필수적이며 이는 에너지 자원을 효율적으로 관리하기 위한 전략적 접근 방식을 제공하여 전 지구적 차원에서 조직과 모두에 장기적인 이익을 보장한다.

에너지 효율화를 위한 인공지능 활용 사례

스마트 공장에서 에너지 효율화를 위해 AI를 활용한 사례는 국내외에 다양하다. 각각의 사례를 통해 AI가 에너지 효율성 향상에 어떻게 기여하고 있는지 살펴본다.

삼성전자 - AI 기반 공장 에너지 관리

삼성전자는 자사 공장에서 AI를 활용하여 에너지 관리 시스템을 최적화하고 있다. AI는 에너지 소비 패턴을 분석하여 비효율적인 에너지 사용을 식별하고, 이를 기반으로 최적화된 에너지 사용 계획을 제공하며 에너지 비용 절감, 공정 효율성 향상 효과를 거두고 있다.

LG전자 - 스마트 제조 시스템

LG전자는 스마트 제조 공정에서 AI를 활용하여 실시간으로 기계와 설비의 에너지 소비를 모니터링한다. AI는 데이터를 분석하여 에너지 사용을 최적화하고, 비효율적인 부분을 개선하기 위한 인사이트를 제공하며 생산 과정에서 에너지 소비를 줄이고, 비용을 절감하는 효과를 나타내고 있다.

포스코 - AI를 활용한 에너지 관리 시스템

포스코는 AI를 활용하여 공장 내 에너지 사용을 실시간으로 모니터링하고, 에너지 소비를 예측하여 최적화한다. AI는 데이터 분석을 통해 불필요한 에너지 낭비를 줄이고, 효율적인 에너지 사용을 권장하며 에너지 효율성 향상, 운영 비용 절감 등의 효과를 거두고 있다.

지멘스 - AI 기반 스마트 공장

지멘스(Siemens)는 자사의 스마트 공장에서 AI를 활용하여 에너지 소비를 실시간으로 분석하고 최적화한다. AI는 생산 데이터와 환경 데이터를 통합 분석하여 에너지 사용을 최적화하고, 장비의 성능을 개선하며 에너지 비용 절감, 생산성 향상 효과를 나타내고 있다.

허니웰 - 스마트 빌딩 설루션

허니웰(Honeywell)은 AI를 활용한 스마트 빌딩 설루션을 제공하여 에너지 관리와 효율화를 실현하고 있으며 이 시스템은 건물의 에너지 사용 데이터를 분석하고, AI 알고리즘을 통해 최적의 에너지 소비 패턴을 도출하여 에너지 효율성을 극대화한다. 또 이 시스템은 건물의 에너지 소비 절감, 비용 절감 효과를 거두고 있다.

보슈 - AI를 활용한 공장 에너지 관리

보슈(Bosch)는 AI를 사용하여 공장 내 에너지 소비를 모니터링하고 최적화한다. AI는 실시간 데이터를 분석하여 에너지 사용을 예측하고, 효율적인 에너지 사용을 위한 조정을 자동으로 수행한다. 이 시스템은 에너지 효율성 향상, 운영 비용 절감 효과를 나타내고 있다.

이와 같은 AI 활용 사례들은 스마트 공장이 에너지 효율성을 극대화하고, 지속 가능한 생산 환경을 조성하는 데 중요한 역할을 하고 있음을 보여 준다. 즉, AI는 데이터를 분석하고 예측하는 능력 덕분에 에너지 관리와 최적화를 더욱 정교하게 수행할 수 있게 지원해 준다.

맞춤형 스마트화 전제조건, 에너지 관리 시스템

기후변화 위기에 대응하기 위해 국제적으로 에너지 효율 향상과 온실가스 배출 감축을 위한 정부의 규제가 강화되고 있고, 에너지 비용 증대, 전력 공급 부족 사태 등으로 많은 기업이 에너지 소비 절약과 효율 향상에 대한 관심을 높이고 있다. 실제 국내 각 분야 산업계의 '탄소중립' 동참 선언이 이어지는 가운데, 국가 경제를 이끄는 주요 산업 중 하나인 전자 · 전기 · 전지업계도 이런 행렬에 동참하고 나섰다. 업계는 단기 과제로 '에너지 공정 효율 개선'을 꼽았다.

이러한 정책과 시대적 요구가 변하는 가운데, 디지털 기술의 발전이 이를 뒷받침하고 있다. 즉, AI 기술을 통한 생산 시설 등의 에너지 성능 최적화 관리 시스템은 생산 활동 및 시설 유지에 사용되는 에너지를 모니터링, 분석, 원격 제어함으로써 맞춤형 스마트 팩토리, 빌딩 등의 전제조건으로 작용하고 있다.

참고문헌

산업통상자원부(Ministry of Trade, Industry and Energy). 에너지 효율성, EMS 관련 규제 및 정책, 산업통상자원부 웹사이트.

인더스트리뉴스(2022). 글로벌 에너지 효율화 전쟁, 해답은 스마트 팩토리 고도화.

한국산업기술진흥원(Korea Institute for Advancement of Technology). 에너지 관리 시스템 도입 사례 및 기술 발전에 대한 연구, 한국 산업기술 진흥원 웹사이트.

한국에너지공단(Korea Energy Agency). 국내 EMS 관련 정책, 지원 프로그램, 기술 보고서, 한국에너지공단 웹사이트

한국에너지공단. 한국 내 EMS 도입 현황 및 사례 분석, 한국이너지공단 웹사이트.

FA저널(2021). 맞춤형 스마트화의 전제조건, 에너지 관리 시스템.

China National Energy Administration(NEA). 중국의 에너지 정책,

EMS 도입과 관련된 최신 동향, NEA웹사이트.

European Commission. Energy Efficiency,EU의 에너지 효율성 지침, 정책 및 EMS 도입 현황,European Commission – Energy Efficiency 웹사이트.

General Electric(GE). Predix Platform, GE의 Predix 플랫폼을 통한 에너지 효율성 및 예측 유지보수, GE Predix 웹사이트.

Indian Ministry of Power. PAT Scheme, 인도의 에너지 효율성 프로그램과 EMS 관련 정책, Indian Ministry of Power웹사이트.

International Energy Agency(IEA). 글로벌 에너지 정책, EMS 도입 동향, 기술 발전에 대한 종합 보고서, IEA 웹사이트.

Siemens. Energy Management Solutions, 지멘스의 스마트 공장 및 EMS 기술 솔루션, Siemens 웹사이트.

U.S. Environmental Protection Agency(EPA). Energy Star Program, 미국의 에너지 효율성 프로그램 및 EMS 관련 가이드라인, Energy Star 웹사이트.

10
스마트 공장의 미래 동향과 인공지능

최근 30년간 발생한 기술 중 인공지능 기술은 가장 혁신적이며 산업 전반의 광범위한 변화를 초래할 것으로 전망되고 있다. 제조 산업에서 인공지능 기술은 아마존, 구글에서 사용하는 통상의 인공지능 기술과는 달리 고신뢰, 고정밀, 실시간성을 요구하는 제조 현장에 적용 가능한 기술이어야 하며, 축적된 데이터 분석 · 예측을 통해 제조 공정의 최적 운영 방안을 제시하여 생산성을 향상하는 것뿐만 아니라 제품 기획, 설계 · 엔지니어링, 생산, 조달, 사후 관리 등 제조 전 영역의 다양한 분야에서 활용되고 있다.

제너레이티브 디자인 기술

인간의 창의적인 활동 영역인 제품 디자인 및 설계 분야에서도 딥 러닝 기술이 접목되면서, 데이터 자체의 학습을 이용한 다양한 설계 지능화가 시도되고 있다. 특히 제조 전 주기 중 가장 많은 피드백과 시행착오가 있어야 하는 초기 설계 및 설계 최적화 과정은 확률 및 최적화 이론을 바탕으로 하는 딥 러닝 분야와 접근 방향이 유사하므로 쉽게 딥 러닝과 접목되어 응용될 수 있다. 딥 러닝을 활용한 최적 설계에 관한 연구는 제너레이티브 디자인(Generative design), 위상 최적화(Topology optimization), CAE 시뮬레이션, 형상 설계(Shape parameterization), 재료 설계(Materials design), 강화 학습 기반의 설계 최적화, 대리 모델(Surrogate modeling) 등 다양한 세부 영역을 중심으로 활발하게 진행되고 있다. 인공지능 기반의 여러 설계 지능화 기술 중에서도 제너레이티브 디자인은 궁극적으로 인공지능이 스스로 새로운 설계 대안들을 생성하고, 사람은 도출된 대안에서 선택 정도의 의사 결정만 하면 되는 미래 스마트 공장과 관련된 인공 지능 기술이다.

제너레이티브 디자인은 기존의 설계 탐색(Design exploration) 방법론과 유사하게, 설계 목적과 파라미터를 정해 주면, 주어진 탐색 공간 내에서 생성 가능한 다양한 위상 최적화 설계안을 자동으로 도출하는 기술이다. 제너레이티브 디자인은 인공지능과 컴퓨팅 능력을 활용하여 사전 정의된 매개변수와 제약 조건을 기반으로 최적화된 디자인 설루션(solution)을 생성하는 고급 디자인 기술이다. 이 기술은 혁신적이고 효율적인 디자인을 만들기 위해 건축, 엔지니어링, 제조 등의 분야에서 점점 더 많이 활용되고 있다. 제너레이티브 디자인은 디자인 기술의 중요한 발전을 의미하며 다양한 산업 분야에서 더 효율적이고 혁신적이며 최적화된 디자인 설루션을 가능하게 한다.

인간-로봇 협업 스마트 작업대 기술

로봇 기술은 AI, 사물인터넷(IoT, Internet of things) 기술과 함께 4차 산업혁명의 핵심 기술이다. 특히 인간과 함께 협업할 수 있는 로봇이 산업 현장에서 주목받고 있다. 제조 현장에서 로봇의 도움 없이 인간만이 작업을 하게 될 경우 다양한 변수에 대응할 수 있는 유연성은 높아지지만, 생산성이 떨어진다. 인간이 개입되지 않는 완전 자동화 라인에서는 생산성은 높아지지만 유연성이 떨어질 수 있고, 특히 조립기 같은 경우 생산 제품이 자주 변경될 경우 설비 수업 및 셋업에 소모되는 시간이 많아져 생산 효율을 떨어뜨릴 수 있기 때문에 인간과 로봇의 적절한 협업은 생산성과 유연성을 확보하는데 매우 중요하다. 미래에는 제품에 대한 고객의 요구 사항이 다양해지고 빠르게 변화할 것으로 예측된다. 이에 따라 공장에서는 다양한 제품을 빠른 시간 안에 생산할 수 있는 유연 생산 환경, 즉 수시로 바뀌는 생산 제품의 사양 확인, 정확한 부품 선택, 높은 작업 숙련도가 필요한 고도의 혼류 생산을 작업자들에게 요구하고 있다. 또 전 세계적으로 노동 인구가 고령화되고 있는 현 상황에 복잡한 작업을 도와줄 수 있는 새로운 작업 환경의 도입은 필수적이라 할 수 있다.

미래 제조 현장에서는 바이오닉 워크플레이스와 같이 학습이 가능한 지능적인 작업대와 다기능적인 도구를 사용함으로써 인간과 로봇의 협업은 앞으로 훨씬 더 직관적이고 단순하며 효율적으로 이루어질 것으로 기대된다. 특히 스마트 작업대를 통해 축적되는 작업 노하우 및 지식은 같은 작업대를 사용하는 비숙련 작업자에게도 공유될 수 있어 제조 기업은 비숙련 작업자의 효율적이고 안전한 작업을 기대할 수 있게 될 것이다.

지능형 실감 상호작용(인터랙션) 가이드 기술

지능형 실감 상호작용 가이드 기술은 사용자의 행동에 실시간으로 반응하여 구동되는 하드웨어와 소프트웨어 기술을 뜻한다. 사용자의 몰입감과 현장감을 극대화하는 실감 콘텐츠 및 미디어 제작, 전송, 처리 기술 등의 분야를 총칭하는 산업 분야로 미래형 공장에서 주목받는 기술 중 하나다. 시각, 청각, 촉각 등 오감을 받는 디스플레이 등 하드웨어, 이를 구동하는 소프트웨어, 햅틱, 증강현실(AR) 기술 등이 이 범주에 해당한다. 착용기기(웨어러블 디바이스)를 활용하면, 가상현실(VR)과 증강현실 기술을 제조 환경에 적용하여 공정 순서, 조립 과정 등을 계획하고 시험해 볼 수 있어 효율적인 공정 설계가 가능할 뿐만 아니라 작업 과정에서의 추가 정보를 가상현실과 증강현실로 구현하여 물류 관리, 장비 점검 등에서도 도움을 받을 수 있다. 지능형 실감 상호작용 가이드 기술은 복잡한 제조 과정에서 증강현실 및 가상현실 기술을 활용하여 업무에 필요한 정보와 데이터를 즉각적으로 확인하여 공정 과정을 분석, 파악하고 제조 공정을 제어할 수 있는 기술로, 효율적인 제조 공정 설계를 가능케 하는 시뮬레이션 기술을 포함한다.

현실 공간에서 가상의 컴퓨터가 생성한 물체를 인간

이 다루는 증강현실 기술과 컴퓨터가 생성한 가상의 공간에서 생성된 오감을 인간이 체험하는 가상현실 기술은 사용자와 접점에 있는 기술이다. 시 · 공간, 신체적, 상황적 제약을 극복하여 언제 어디서나 현실적 경험 제공이 가능하고, 사용자에게 초실감적 가치 제공이 가능하기 때문에 스마트 제조와 연계된 많은 연구 개발이 진행되고 있다. 최근에는 다양한 센서 및 영상 인식 기술을 활용하여 사용자의 의도를 파악하고 그에 맞는 대응을 해 주는 방향으로 지능형 실감 상호작용 가이드 기술은 진화하고 있다. 활용되는 AI 기술로는 비전을 이용한 동작 추적 기술, 가속도, 자이로 센서를 이용한 움직임 예측 기술, 사용자 패턴 인식을 위한 강화 학습과 같은 딥러닝 기반의 기술들이 있다. 지능형 실감 상호작용 가이드 기술은 도입기를 지나 도약기로 접어들고 있다. 스마트 팩토리 확산과 함께 많은 수요가 생기고 공급이 이루어질 것으로 전망되고 있으며, 특히 직관적인 커미셔닝[개별 장비 및 모든 시스템(모니터링 제어 시스템 포함)들이 설계 의도 및 제작 사양에 부합하는지를 확인하는 것이며, 표준화된 절차에 따라 점진적으로 수행하는 체계적이고 구체적인 업무]을 위한 선택이 아닌 필수 기술로 발전하고 있다.

자율 제조를 위한 지능형 설비 기술

현재까지의 제조 산업은 생산 효율에 맞춰 관련 기술들이 발전되어 왔다. 사람 대신 높은 동력에 지치지 않는 기계가 도입되었고, 현재 대량 생산의 상징인 컨베이어 벨트를 따라 순차적으로 세분화된 작업이 효율적이고 빠르게 많은 제품을 생산할 수 있게 되었다. 하지만 이렇게 대량 생산에 맞춰진 공장 라인은 수개월에서 수년간 유사한 제품만 제조할 수 있었다. 중앙 집중 방식으로 관리되었기에 설비 기능 하나를 바꾸면 전체 시스템에 영향을 주었고, 설비 하나에서 이상이 발생하면 작업자와 같이 해결 방안을 찾아야 했다.

삶의 질이 높아지고 각자의 개성이 강해지면서, 공장에서 생산하는 동일한 제품이 아닌 개인화, 맞춤형 제품에 대한 요구가 높아지고 있다. 이러한 맞춤형 개인화 제품 생산은 기존의 대량 생산 방식으로는 어렵다. 다품종 소량 생산을 위해서는 다양한 제품과 다양한 수량의 제품을 동시에 생산할 수 있는 유연한 지능 시스템이 필요하다. 그리고 실시간으로 변경되는 신규 및 기존 주문에 즉각 적용이 가능한 동적 작업 계획, 라인 구성, 설비 교체 등을 실시간으로 지원할 수 있는 지능형 설비 기반의 자율 분산 시스템 기술이 필요하다.

분산 자율 제조의 핵심 기술 중 하나는 지능형 설비로, 제조 지능을 통해 작업자의 설비 셋업 시간을 획기적으로 감소할 수 있다. 또 지능형 설비는 설비 기술자가 설비에 전달하는 제어 명령의 단계를 높여 최소한의 제어 정보를 활용하여 기존에 학습한 지식을 바탕으로 자율적인 업무를 수행할 수 있다. 지능형 설비 중 산업 현장에 가장 빠르게 적용되고 있는 설비는 경량화 협동 로봇이다. 이런 로봇은 기존 산업용 로봇에 비하여 사람 팔 하나 정도의 크기로 매우 작으며 작업자의 안전을 고려한 기술이 탑재되어 있다. 경량화 협동 로봇은 전달 프로그래밍(lead-through programming) 기술과 힘 제어 기반(force control) 기술로 작업자의 움직임을 통해 궤적을 생성하는 방식을 적용하여 기존 프로그래밍 방식인 궤적 생성 방식에 비해 획기적으로 셋업 시간을 감소할 수 있다.

공장 이상 탐지 기술

사물인터넷(IoT)이 적용된 제조 현장에서는 생산 과정에 시계열 센서 데이터 및 이벤트가 발생하고, 각종 제어 파라미터 및 작업의 결과가 기록된 로그 데이터가 엄청난 양으로 만들어지고 있다. 이러한 데이터를 활용하여 불량품 감지 및 예방 정비 또는 재료의 특성 예측에 기계 학습을 이용한 이상 감지 기술을 적용할 수 있다. 특히 설비 및 센서로부터 수집된 데이터셋(Dataset)에서 비정상적인 데이터를 검출할 수 있다면 생산 라인에서는 일정 수준 이상의 품질과 성능을 달성함으로써 비용 및 시간을 절감할 수 있다. 생산 라인의 예방 정비 차원에서 기계 학습은 생산 설비에서 나오는 전류, 진동, 소리 등 다양한 데이터를 학습하여 그 설비 자체의 고장 및 잔존 수명을 예측할 수 있고, 기계 학습 모델을 통해 설비 이상 조짐을 파악할 수 있다. 이상 감지(Anomaly detection)는 기계 학습과 데이터 마이닝의 중요한 이슈로서 여러 응용 분야에서 다양한 형태로 연구되고 있다. 하지만 이상 데이터의 수가 정상 데이터에 비해 매우 적고, 정상 패턴과 매우 유사하거나 알려진 이상 패턴과 다른 새로운 패턴이 발생하기도 한다. 이런 문제를 해결하기 위해 정상 데이터를 잘 학습하고, 학습된 정상 데이터의 특징과 구분되는 이상 데이터의 특징을 추출할 수 있는 모델과 학습 알고리즘이 필요하다.

다양한 제조 환경에서 비정상 데이터 확보가 어렵고, 고장 물리 모델에 대한 데이터가 적기 때문에 기존 전통적인 이상 감지 알고리즘은 계산 복잡도가 높으며 오프

라인 태스크 위주로 연구되고 있다.

사람이 공장 환경 내에서 수집된 데이터를 기반으로 설비의 기능 이상 유무 클래스(정상/비정상 등)를 라벨링할 경우 많은 시간과 노력이 필요하다. 노동집약적인 사람의 노력과 시간을 감소하기 위해서는 설비가 보유한 고유한 기능을 수행할 때 정상 상태의 데이터를 기반으로 수행할 수 있는 실시간 이상 탐지 기법이 필요하다. 따라서 비정상 데이터 확보가 어렵고 고장 물리 모델에 대한 데이터가 적은 다양한 제조 환경에서 제조 설비의 고유 기능 수행 중 정상 상태의 데이터 수집 및 분석을 통한 AI 기반 이상 탐지 연구가 다양한 형태로 진행되고 있다. 향후 제조 설비의 이상 감지에 대하여 제조 환경에서의 다차원적인 데이터 관계 및 분석 등이 필요하며, 특히 다양한 제조 설비에 적용할 수 있는 일반화된 이상 탐지 기술에 대한 연구가 요구된다.

AI와 IoT를 결합하여 보다 정교하고 정확한 이상 감지 및 예측 유지관리를 제공하며 실시간 데이터 처리 및 더 빠른 이상 감지를 수행하기 위해 더욱더 많은 엣지 컴퓨팅 사용 필요성이 증가하고 있다. 또 향상된 감지 기능을 위한 고급 기계 학습 및 딥 러닝 모델 개발이 필요하며 정확성을 높이고 잘못된 탐지를 줄이기 위해 시간이 지남에 따라 학습하고 적응하는 시스템 개발이 필요하다.

향후 공장 이상 감지 기술은 현대 제조의 중요한 구성 요소로, 산업 운영에서 높은 수준의 효율성, 품질 및 안전을 유지하는 데 필요한 도구를 제공할 것이다.

4차 산업혁명 시대를 맞아 스마트 제조 기술과 인공지능 기술의 융합은 제조업 혁신을 통한 글로벌 경쟁력 확보 차원에서 더욱더 중요해졌다. 특히 IoT 기술의 발전으로 다양한 생산 설비 및 현장, 생산 과정, 제품, 사용자들이 인터넷에 연결되고 있다. 이로부터 확보될 수 있는 데이터를 학습함으로써 제품의 설계에서부터 생산, 사후 관리까지 다양한 분야에 인공지능 기술이 적용될 것으로 예측된다. 이에 따라, 제조 설비 이상 감지, 불량 제품 자동 검사, 안전 관리, 시장 수요 예측 등의 생산 최적화가 가능해지고, 기계 학습 알고리즘을 통해 다양한 불량 사례를 학습할 수 있게 됨에 따라 공정 불량이 급감하고, 더 정확한 분석과 시장 예측을 할 수 있게 된다. 그뿐만 아니라, 제조 전 영역에 걸친 인공지능 기술 접목은 미래 유연 생산 체제 환경에 대한 요구 사항들을 만족시킴으로써 개인이 원하는 제품을 언제든지 주문하고 생산, 판매까지 할 수 있는 수요자 중심의 새로운 제조 시대를 앞당길 수 있을 것으로 기대한다.

참고문헌

심원래(2018). 제조업에서 AI(기계 학습)의 활용 분야와 솔루션. ≪월간 계장 기술≫.

이은서 외(2020). 미래 스마트 제조를 위한 인공지능 기술 동향. ≪전자통신 동향 분석≫, 35(1).

중소벤처기업부(2018). 2018년 중소기업 전략기술 로드맵, 스마트 공장.

한국정보통신기술협회(2018). 제조 경쟁력 향상을 위한 ICT 기반 스마트 팩토리 표준화 전략.

Bai, H., et al.(2021). AR and VR in Manufacturing, Manufacturing Letters.

Billinghurst, M., et al(2020). Immersive Interaction Technologies for Smart Factories, IEEE Transactions on Industrial Informatics.

Bobzien, S. A., et al.(2020). Deep Learning in Engineering Design, Journal of Engineering Design.

Chalapathy, R., et al.(2019), Anomaly Detection in Industrial IoT, ACM Computing Surveys.

Ficuciello, F., et al.(2021). Human-Robot Collaboration in Smart Manufacturing, Robotics and Computer-Integrated Manufacturing.

Fraunhofer IWU. https://www.e3-fabrik.de/

Kumara, S. R. T. et al.(2021), Intelligent Equipment for Smart Manufacturing, Journal of Manufacturing Systems.

Maamar et al.(2022). Smart Manufacturing Using AR and VR, Journal of Intelligent Manufacturing.

Papadopoulos, Y., et al.(2021). AI-Driven Design Automation, Artificial Intelligence in Engineering.

Park, J. B., et al.(2021), Real-time Anomaly Detection in Smart Factories, Sensors.

Saxena, A., et al.(2020), AI for Fault Detection in Manufacturing, Mechanical Systems and Signal Processing.

Scholz-Reiter, B. et al.(2020), Autonomous Systems in Manufacturing, CIRP Annals.

Sivaprakash, K., et al.(2020). Collaborative Robots and Industry 4.0, International Journal of Advanced Manufacturing Technology.

Tedeschi, A.(2019). Generative Design in Architecture and Engineering.

Wagner, C. R., et al.(2021). AI in Human-Robot Collaboration, IEEE Robotics and Automation Letters.

Zargari, A. R., et al.(2022), AI in Autonomous Manufacturing, AI in Manufacturing and Robotics.

임기흥

현재 (주)지엠에이치종합컨설팅 상임이사로 재직하고 있으며, 중앙대학교에서 경영학 분야의 인사조직을 전공하여 경영학 박사학위를 받았다. 주요 연구 분야는 마케팅, 인사 및 조직, 생산 관리, 경영 정보 시스템, 스마트 공장, 빅데이터, 생성형 AI 등이며, 『생성형 AI 프롬프트 디자인』, 『스마트 시대의 전자상거래』, 『디지털 포메이션시대 전자상거래』, 『경영 빅데이터 분석』 등 저서 10여 권과 논문 50여 편이 있다. 한국디지털정책학회 상임고문을 맡고 있고 대한경영학회 부회장, 산학협동연구원 부원장, 광주도시공사 이사회 의장 등을 역임하였다. 광주여대 서비스경영학과 교수 및 경영정보연구소장, 한국생산성본부(KPC) 정보화사업부장, 한국생산성본부(KPC) 혁신위원, 행정안전부 자문위원 등으로 활동한 경력이 있다. 신용보증기금 경영 컨설팅, 소상공인진흥공단 자영업 컨설팅,한국산업인력공단 HRD 컨설팅, 상공회의소 스마트 공장의 스마트 마이스터 컨설팅 등 다수의 컨설팅을 수행했다. 정보통신부장관상, 행자부장관상, 중소기업중앙회장상, 국무총리상 등을 수상하였다.